U0946638

铁人王进喜画传

TIEREN WANG JINXI HUAZHUAN

尤靖波　苏爱华◎主编

100周年典藏纪念版

中国工人出版社

值此大庆油田发现60周年之际，我代表党中央，向大庆油田广大干部职工、离退休老同志及家属表示热烈的祝贺，并致以诚挚的慰问！

60年前，党中央作出石油勘探战略东移的重大决策，广大石油、地质工作者历尽艰辛发现大庆油田，翻开了中国石油开发史上具有历史转折意义的一页。60年来，几代大庆人艰苦创业、接力奋斗，在亘古荒原上建成我国最大的石油生产基地。大庆油田的卓越贡献已经镌刻在伟大祖国的历史丰碑上，大庆精神、铁人精神已经成为中华民族伟大精神的重要组成部分。

站在新的历史起点上，希望大庆油田全体干部职工不忘初心、牢记使命，大力弘扬大庆精神、铁人精神，不断改革创新，推动高质量发展，肩负起当好标杆旗帜、建设百年油田的重大责任，为实现“两个一百年”奋斗目标、实现中华民族伟大复兴的中国梦作出新的更大的贡献！

——2019年9月26日，习近平总书记致大庆油田发现60周年的贺信

王进喜以“宁肯少活20年，拼命也要拿下大油田”的气概，带领石油工人为我国石油工业发展顽强拼搏，“铁人精神”、“大庆精神”成为激励各族人民意气风发投身社会主义建设的强大精神力量。

——2013年4月28日，习近平总书记在同全国劳动模范代表座谈时的讲话

序

把红旗一直扛下去

2023 年 10 月 8 日，是铁人王进喜诞辰 100 周年纪念日。铁人王进喜是中国石油工人的光辉榜样，中国工人阶级的先锋战士，中国共产党人的优秀楷模，中华民族的伟大英雄。从 1950 年春到 1970 年 11 月，王进喜整整为中国的石油工业奋斗了 20 年，奉献了 20 年，留下了宝贵的精神财富——铁人精神。

一部艰难创业史，震古烁今铸铁魂。60 多年前，以铁人王进喜为代表的大庆石油人，头顶蓝天、脚踏荒原，以“为国分忧、为民族争气”的爱国主义精神，“宁肯少活二十年，拼命也要拿下大油田”的忘我拼搏精神，“有条件要上，没有条件创造条件也要上”的艰苦奋斗精神，“干工作要经得起子孙万代检查”“为革命练一身硬功夫、真本事”的科学求实精神，“甘愿为党和人民当一辈子老黄牛”、埋头苦干的无私奉献精神，一举把“中国贫油”的帽子甩进了太平洋，从根本上改变了中国石油工业的落后面貌，取得的卓越贡献镌刻在伟大祖国的历史丰碑上。

“大庆就是全国的标杆和旗帜”。60 多年来，大庆红旗凝结着历代中央领导集体的心血，大庆精神、铁人精神得到历代党和国家领导人的精心培育，成为中华民族伟大精神的重要组成部分，被纳入中国共产党人精神谱系，鼓舞着中华儿女忠党爱国、奋勇向前。大庆石油人把传承弘扬大庆精神、铁人精神作为崇高政治责任和光荣历史使命，特别是党的十八大以来，牢记习近平总书记对大庆油田的嘱托，坚定不移把红旗一直扛下去。

为大力弘扬大庆精神、铁人精神，大庆油田组织编辑了《铁人王进喜画传》。这本画传结构严谨、立意深刻、史料丰富、编辑创新，以铁人王进喜为油拼搏的一生为主线，把历史、现实、未来有机融合起来，让广大读者直观地了解铁人王进喜艰苦创业、苦干实干的一生，从中感悟铁人王进喜精神品质，汲取前进力量。

“以图文传信史”，展示铁人王进喜从普通钻工成长为共产主义战士的升华过程。《铁人王进喜画传》通过一张张珍贵图片再现历史，通过一段段文字深情讲述。从“当了干部还是钻工”，到“一切成绩和荣誉都是党和人民的，我自己的小本本上只能记差距”，再到“讲进步不要忘了党”，铁人王进喜用一生阐述着要“听党话、跟党走”、对党绝对忠诚的人生哲理。大庆精神、铁人精神是一本教科书，映射出中国工人阶级成长的历史经验。弘扬大庆精神、铁人精神，就要像铁人王进喜那样，始终牢记“大庆是党的大庆、国家的大庆、人民的大庆”，把对党的忠诚体现在一言一行上、体现在担当有为上、体现在奋斗奉献上，永远做对党绝对忠诚的人。

“以信史显力量”，彰显铁人王进喜坚忍不拔、苦干实干的精神力量。《铁人王进喜画传》内容翔实，力求展现铁人的真实形象、铁人精神的时代价值。铁人王进喜常说：“干，才是马列主义；不干，半点马列主义也没有。”“铁人”作为一个时代的符号，它给予人们的始终是一种蓬蓬勃勃、踏踏实实的力量，这种力量源自对事业的执着追求、源自对祖国的深切热爱。大庆精神、铁人精神是一种神奇的力量，是石油人用生命和实践赋予了蓬勃生机的中国力量、石油力量。弘扬大庆精神、铁人精神，就要像铁人王进喜那样，艰苦奋斗、苦干实干，把思想境界转化为投身中国式现代化建设的强劲力量。

“以力量彰信念”，折射铁人王进喜“快快发展石油工业”“我为祖国献石油”的崇高信念。《铁人王进喜画传》中回顾的那些激情燃烧的岁月，印刻着以铁人王进喜为代表的石油人“这困难，那困难，国家缺油是最大的困难”的朴素家国情怀。从下车“三问”，到人拉肩扛运钻机、破冰端水保开钻，再到跳泥浆池压井喷……都是为了一个崇高而又朴实的信念——为国家多打井、快打井、多拿油、快拿油。由此可见，大庆精神、铁人精神是一种崇高信念，凝聚着中华民族历尽千辛万苦谋复兴的坚定信念。弘扬大庆精神、铁人精神，就要像铁人那样，高唱“我为祖国献石油”的旋律，接续奋斗、忘我拼搏，始终冲在“兴油报国”最前沿。

“以信念铸文化”，宣示大庆石油人与时俱进向未来的文化自信。一部画传，传递的是深切的怀念，弘扬的是不朽的精神。大庆精神、铁人精神得到了历届党和国家领导人的高度肯定和赞扬，习近平总书记多次阐述大庆精神、铁人精神。纵观党史、新中国史，在大庆精神、铁人精神的鼓舞下，全国曾涌现出一批“大庆式”企业，“大庆经验”引领推进了新中国工业化进程，历史业绩已彪炳史册。历史证明，大庆精神、铁人精神是经过实践检验的宝贵文化财富，凝聚着党中央的巨大心血和全国人民的深切期待。弘扬大庆精神、铁人精神，我们就要站在弘扬伟大建党精神、坚定文化自信的高度，守正创新，不断在实践中赋予大庆精神、铁人精神新的时代内涵，让伟大精神与时俱进、历久弥新。

奋进新征程，越是任重道远，越要壮志如磐；建功新时代，越是山高水长，越要勇立潮头。我们要以习近平新时代中国特色社会主义思想为引领，高擎大庆红旗，大力弘扬大庆精神、铁人精神，持续锚定“三件大事”，深化“当好标杆旗帜、建设百年油田”的宏伟实践，努力实现“一稳三增两提升”的奋斗目标，谱写中国式现代化百年油田的壮美时代新篇。

铁人王进喜同志永垂不朽！

大庆红旗永远高高飘扬！

中国石油股份公司副总裁、大庆油田党委书记、大庆油田有限责任公司（大庆石油管理局有限公司）执行董事

2023 年 8 月

前 言

2023 年 10 月 8 日是铁人王进喜诞辰 100 周年，为了纪念铁人王进喜，在新时代弘扬铁人精神，我们编辑创作了《铁人王进喜画传》。

从 1950 年春到 1970 年 11 月的 20 多年间，铁人王进喜为中国石油工业的发展，为大庆石油会战作出了重要贡献，留下了宝贵的精神财富——铁人精神。在中华人民共和国成立 72 周年之际，经党中央批准，“大庆精神（铁人精神）”被纳入中国共产党人精神谱系，得到了党中央高度的评价和肯定。铁人王进喜的思想和实践在新中国石油工业发展史上是一个光辉的亮点，在大庆油田的勘探开发史上是一个值得被永远纪念的里程碑。

《铁人王进喜画传》的编辑创作，是纪念铁人王进喜诞辰 100 周年的一件大事，是大庆油田党委传承和弘扬铁人精神的重要决策，对于大庆油田在新时代“当好标杆旗帜，建设百年油田，大力弘扬铁人精神”具有重大的推动作用。

《铁人王进喜画传》的编辑和创作工作从 2022 年 7 月开始启动以来，得到了大庆油田党委的高度重视，并获得其大力支持和指导。大庆油田文化集团、铁人王进喜纪念馆是《铁人王进喜画传》编辑和创作的主体单位，具体负责编辑和创作工作。在画传编辑和出版的过程中，听取了有关老同志、专家的宝贵意见；在编辑、创作画传的过程中，学习了《余秋里回忆录》《康世恩传》《百年石油》，查阅了孙宝范、卢泽洲编写的《铁人传》的资料，以及大庆油田编写的大庆油田发现60周年的有关资料。大庆油田历史陈列馆也提供了相关的资料。在此，一并表示感谢。

《铁人王进喜画传》在编辑创作过程中，由尤靖波担任策划顾问，对结构、内容、画面等作了基础性的工作；本书策划黄丽娟，重点对各个章节的结构，历史资料的运用进行审查，保证科学、准确。《铁人王进喜画传》由铁人王进喜纪念馆馆长苏爱华担任主编，铁人王进喜纪念馆馆藏研究室主任张雷担任副主编，负责《铁人王进喜画传》的结构设计，画面的编排设计，文字的定稿；编辑史金龙、郭程、闫冬负责文字撰稿及配图；编辑张立凤负责图文统稿设计；铁人王进喜纪念馆外宣部王颖负责协调工作以及图书包装、推广工作。铁人王进喜纪念馆办公室主任何德全负责《铁人王进喜画传》的商务工作，确保出版的质量。王赫楠在铁人王进喜的图片收集方面做了大量工作。在编辑、创作《铁人王进喜画传》的过程中，力求结构创新，画面突破，逻辑严谨、文字精练，突出体现铁人精神的时代感、奋斗感、奉献感。

铁人百年诞辰，纪念面向未来。《铁人王进喜画传》的编辑创作是一次大力弘扬铁人精神的探索和尝试。本书政治站位高，时代感突出，历史跨度大，涉及的范围广，难免会存在不足和欠缺，诚恳希望各位读者提出意见。

《铁人王进喜画传》创作组

2023年8月

CONTENTS 目　录

第一篇

我要当钻工

↑ 王进喜的母亲何占信
（1896 年—1970 年 12 月 8 日）

↑ 王进喜的父亲王金堂（画照）
（1894 年—1951 年 4 月）

↑ 1923 年 10 月 8 日，王进喜出生在甘肃玉门赤金堡　李晨 / 绘

王进喜的堂叔王孝堂
谈王进喜的出生

6 岁时，王进喜带着失明的父亲沿街乞讨；
10 岁时，王进喜给地主放牛；
13 岁就到煤窑下矿背煤；
15 岁进入玉门油矿当长工

王进喜给地主放牛　李晨 / 绘

1949 年 9 月 25 日，玉门解放，康世恩任玉门油矿军事总代表。玉门油矿作为当时最大的油田，恢复生产成为首要任务

军事总代表康世恩（前左一）、军事副总代表焦力人（前左二）和工人们一起迎接玉门油矿被捕工人返矿

1939 年 8 月，玉门油矿使用陕甘宁边区政府支援的钻机，在玉门老君庙打出了第一口产油井，拉开了玉门油矿开发的序幕。图为正在钻进中的老一井

↑“山上不长树，地面不长草”的旧玉门石油沟

坚守初心当上新中国第一代钻工

王进喜，1923 年 10 月 8 日出生于甘肃省玉门县赤金堡；1938 年，到玉门油矿修公路、平井场，后为钻井队送料，眼瞅着钻工们在钻台上把大钳打得“咔咔”直响，强烈地爱上了钻井事业。

1950 年春，为发展生产、支援国民经济建设，解放后的玉门油矿开始首次招工。招工的行业有钻井、采油、炼油、土建、机修、运输、锅炉工等。

王进喜初心不改，他没有犹豫，直接报名上钻井，一心想当个钻井工人。

钻井整天和大井架子、大机器、大铁件打交道，又累又危险。当钻工既要个子大力气足，又得脑瓜灵身子轻。当时的王进喜虽已 27 岁，但个子不高，身体单薄。朋友们都劝他不要报名当钻井工，那太危险了，可他觉得不算什么，男子汉嘛，越危险越应冲在前面。

钻井操作考试现场，空气是那样温暖清新，人头攒动，异常热闹。包括王进喜在内的年轻人都在为当上钻井工而激烈地竞争着。

王进喜抬钻杆、提卡瓦等干得异常出色，因为他不惜力气。但在笔试这一关，他傻了眼。王进喜自小没念过书，后来和好友在一起念过《百家姓》《三字经》，见过秦腔唱本，但始终没机会正式学文化，所以认字很少。拿起报纸一看，根本念不上来，更不用说用笔答钻井知识，有些东西他心里明明知道，但是写不出来，结果可想而知，名落孙山！

虽然没考上，但王进喜的实际表现给主考官和其他人留下了深刻的印象，他们觉得这么好的苗子，如果仅仅因为文化知识不行，就当不了钻井工，那不白瞎了嘛。几位选人的老师傅郭孟和、梁文德、杨崇义，都看中了王进喜那股为上钻台敢拼命的精神和在考试中透出的机灵劲儿，向人事部门建议，让他再考一次。

人事科长考虑了一下，见这么多人说情，就同意了。

第二次考试的重点是在那些较劲的项目上动真格的，念报纸和笔答等文化项目放在了次要位置。参加考试的青年们个个摩拳擦掌，跃跃欲试。考试开始，第一个项目是“提卡瓦”。王进喜把卡瓦一下子提起来，腰一挺，健步如飞地跑起来，不一会儿就把别人甩出去老远。第二个项目是“上天车”。哨子一响，他“腾”地蹿上钻台，手抓脚蹬顺着立梯攀缘而上，像一只敏捷的猴子，到二层平台转一圈，又顺梯攀上天车，在上边转一圈，“嗖嗖嗖”下到钻台，回到地面，提前完成了动作。第三个项目是“开阀门”。这一项带点技术性，可他也干得在行。他态度认真，舍得花力气，双手握住大闸门抡得飞快，表现出一种沉着机敏……比赛一项一项进行，王进喜上衣湿透，干劲不减，有一种不达目的誓不罢休的劲头。

在场的人们都为他关键时刻不含糊、拼命也要往前冲的精神所打动。人事科长不仅看到了王进喜身上表现出的意志力，还觉察出这小伙子有一种别人不具备的灵性与机敏，当场评为“乙”（因为缺项），同意招收他为钻井工人。

王进喜心里非常自豪，终于如愿以偿地成为新中国第一代石油工人，在玉门老君庙钻探大队贺丰泰钻井队当上了钻工，实现了从长工到一名真正石油工人的转变。

王进喜手扶刹把　李晨／绘

↑ 王进喜以顽强的毅力通过考试，成为新中国第一代钻井工人　　杨玉民 / 绘

↑ 王进喜报名参加了扫盲识字班　　杨玉民 / 绘

好师傅言传身教

当了钻井工的王进喜心情舒畅，干劲倍增。师傅们都说他是“一个勤快的好钻工”。慢慢地，他产生了一个错觉，认为解放了自由了，想干啥就可以干啥，想怎么说就可以怎么说。他家离青草湾很近，恰好井队就在附近打井，有时候他不请假，就偷着跑回家看望父母；有时他犯了秦腔瘾，也偷空去看一回。

曾经当过王进喜领班的马林师傅说：“小伙子确实很能干，但最大的毛病是爱犯自由。我就狠狠地批评他。我说虽然解放了，但不是叫你爱咋样就咋样。我给他规定了几条纪律，他后来就能严格要求自己了。”

作为钻井部军代表的范元绶，经常深入井场、宿舍，和工人们同吃同住同劳动，深得工人信赖，王进喜对他很佩服。

范元绶找到王进喜，和他谈心。范元绶说：“工人阶级要有组织性和纪律性，你劳动工作积极，但这还不够。还得遵守纪律，不犯自由主义，不被暂时的困难和个人利益挡住眼睛。”最后，范元绶说：“我说的这些你可能还不完全明白，我给你介绍几个人，你要好好向他们学习！”

范元绶介绍的人分别是：帮助王进喜进矿的老工人梁文德、从延长解放区来矿的杨崇义、被人称作“国际石油工人”的郭孟和。

范元绶还叫王进喜拜郭孟和为师，签订了师徒合同。

郭孟和，山东即墨人，1938 年在新疆乌苏油矿当钻工。1945 年到玉门油矿工作，1949 年积极参加护矿斗争，迎接解放。他被称为“国际石油工人”，是玉门油矿第一个入党、第一个成为劳动模范、第一个被提拔为大队长的工人。

没过几天，王进喜见到了郭孟和，范元绶让师徒二人签订“保教保会合同”，然后对王进喜说：“你要好好向师傅学文化、学技术，要学他的好思想、好品德。”

从此以后，郭孟和对王进喜很严格，经常对他进行帮助教育。对他不怕累、能干活，表示肯定。但也批评他说：“光能干活还不行，一个工人得目光远大，树立为党和国家争光、作贡献的思想。”针对王进喜有时犯自由主义的毛病，郭孟和说：“我们自由了，但不能犯自由主义，不能想怎么样就怎么样。”

郭孟和要求王进喜不光要苦干实干，更要学梁文德、欧阳义、杨崇义等老工人过硬的思想和组织纪律性。欧阳义敢和恶势力做斗争，不光是为自己，更为了大家，斗争中如不讲组织纪律性，就可能被打垮；杨崇义来自解放区，有为发展中国石油工业拼命的好作风。

在郭孟和和其他师傅的帮助下，王进喜开阔了视野，树立了为石油事业发展作贡献的思想。

1951 年 4 月，王进喜的父亲王金堂因病去世。单位给了他 7 天假，派车送他回家，补助给他 80 个单位券（一个单位券合 1.6 元）。王进喜只用 2 天时间处理完父亲的后事，就回来上班了。当时正值抗美援朝战争时期，玉门油矿开展了捐献活动。王进喜主动提出捐一个月的工资。全矿工人捐款买了一架“石油工人号”战斗机，送到了抗美援朝战争的前线。

王进喜的进步，师傅郭孟和看在眼里，觉得十分欣慰。

↑ **范元绶**（1919—1991 年），浙江绍兴人，1937 年参加八路军，加入中国共产党。曾在抗日军政大学三分校、延安中央研究院学习。1943 年起，历任陕甘宁边区政府研究室研究员、教导旅作战科副科长、骑六师作战科科长、教导大队大队长等职。1950 年任玉门油矿军代表、玉门矿务局副局长。1960 年起，历任大庆石油会战副总指挥、石油部地质勘探司副司长、胜利油田会战副总指挥、石油部石油勘探开发研究院副院长等职。离休后曾任石油部咨询委员

↑ **郭孟和**（1907—1983 年），山东即墨人，1950 年 2 月加入中国共产党，成为玉门油矿解放后的第一批共产党员，新中国第一位石油工人中的劳动模范。1938 年在乌苏油矿工作，1945 年到玉门油矿工作。1949 年，他积极参加护矿斗争，迎接玉门油矿解放。1951 年 1 月，为提高钻机利用率，率钻井队打破惯例，冒严寒，战冰雪，在海拔 2500 米的玉门青草湾地区钻井获得成功，开创了我国石油史上冬季钻井的先河，被誉为祁连山下的“冬青树”，有着丰富钻井经验，还自觉担负起培养年轻技术工人的任务，严格要求学徒。铁人王进喜就是他带过的许多学徒中的一个

练技术悟绝活，钻台上样样精通

王进喜当了钻工，心里乐开了花，他参加了工会组织的扫盲识字班，认识了不少字，学了社会发展史，体会最深的是“穷人受穷不是命里注定的，是地主阶级和资产阶级压迫剥削造成的”。“旧社会工人是奴隶，新社会工人是国家主人”。“共产党、毛主席领导工人阶级干革命，把我们解放出来，使我们成为国家的主人，我们是给自己干活，一定要好好干”。

1950 年春，王进喜在老君庙钻探大队贺丰泰钻井队美制 30 型钻机上当钻工；1952 年，王进喜调到周世英的美制艾迪尔—50 型钻井队，并于 6 月 23 日被提拔为副司钻。同年 9 月 20 日，由于他在工作中吃苦耐劳，技术过硬，被评为油田劳动模范。

这几年，无论在哪个队、在什么型号的钻机上，王进喜都是一个熟练勤快的好钻工。在场地上，他干杂活、捞沙子、领料、抬配件、排钻杆，干完这样干那样，从不停手；上了钻台打大钳、提卡瓦、拉猫头，有时还替司钻扶刹把，样样在行；进了机泵房，开机器、修设备、调泥浆，处处精通。

1953 年，玉门油矿进口苏联贝乌 40 型钻机，成立了贝乌 5 队等几个队。1955 年 3 月，王进喜因为技术精湛、敢于管理，从贝乌 6 队调到贝乌 5 队当司钻。

王进喜深深感到自己肩上的担子很重，所以格外负责任。一方面带头干，一方面严要求，成了有名的“严司钻”。他在贝乌 5 队的第一个班的班前会上，让大家好好看看各个岗位都存在什么问题，还特意强调，“查细一些”。

开会了。王进喜严肃地对大家说：“今天，我和大家上第一个班。嗯，一定要注意安全。以后要把衣服穿好，不能吊儿郎当。”

↑ 王进喜带领的贝乌5队使用过的贝乌40型钻机绞车
（国家一级文物 大庆油田历史陈列馆收藏）

王进喜问安永发泵房有问题没有，安永发说没什么问题。王进喜提高了嗓门儿说：“没啥问题，告诉你，有一个泵不上水，什么问题？领几个人检查一下，赶快修好，打钻的时候尽量开双泵。”

“翟连武，把柴油机管好，有问题赶快修理，别带病干活。还有你，戴祝文，接单根的时候把猫头拉好，一定要注意安全！”王进喜说道。

钻机轰鸣，王进喜手握刹把，目视着指重表，均匀地送着钻压。

贝乌5队队长姚武生在队里设计了一块竞赛板，哪个班月进尺最高，哪个班就得一面小红旗，插在竞赛板上。王进喜带领的二班得的最多，大家都觉得很光荣，心里美滋滋的。

↑ 王进喜下决心一定要当一名出色的钻井工人 杨玉民 / 绘

↑ 师傅对王进喜的言传身教 杨玉民 / 绘

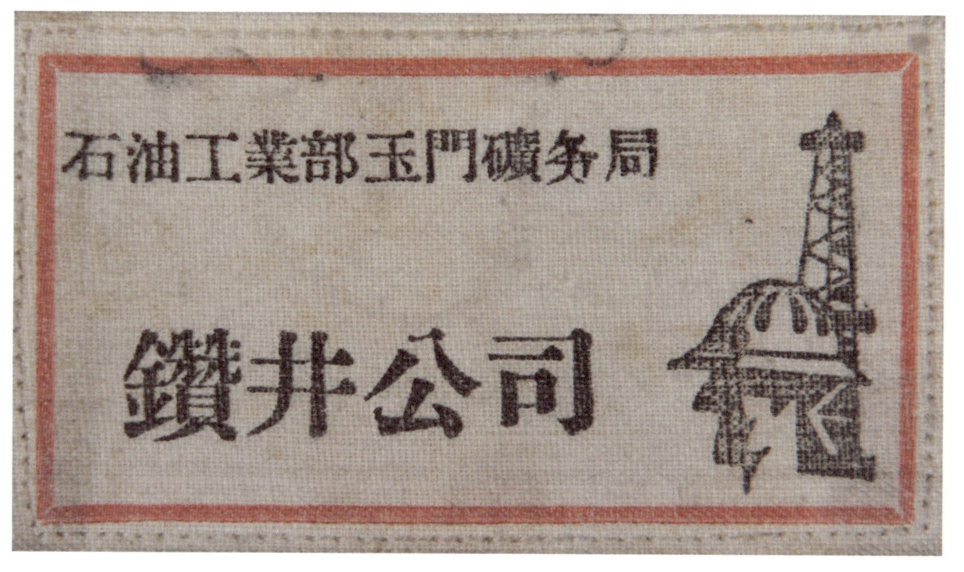

玉门矿务局职工当年用过的名签
（国家二级文物 大庆铁人王进喜纪念馆收藏）

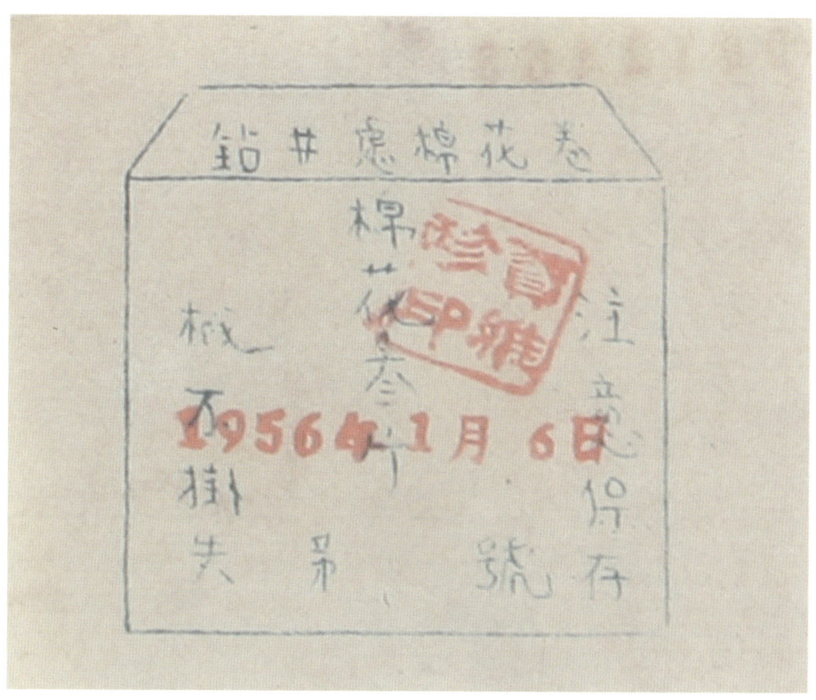

玉门矿务局职工当年用过的棉花票
（一般文物 大庆铁人王进喜纪念馆收藏）

↑ 王进喜在贝乌 5 队使用的圆形管钳
（国家二级文物 大庆铁人王进喜纪念馆收藏）

↑ 1956 年中央代表团到玉门慰问颁发给贝乌 5 队工人的纪念章
（国家一级文物 大庆铁人王进喜纪念馆收藏）

第二篇

入党就要
下决心跟党走

理想坚实——“共产党是我的救命恩人”

王进喜在戈壁荒滩上长期钻井，勤快负责，基层干部喜爱他，工人们拥护他，也引起了钻井大队甚至钻井公司的注意。王进喜所在的贝乌5队党支部根据群众反映，研究决定由副队长王家训、机械工长田振凤作为介绍人培养他入党。

王家训找王进喜谈话，问他想不想加入中国共产党，王进喜说：“想，我早就想入了。共产党是我的救命恩人，是工人阶级自己的组织，我早就盼着当个党员。我没文化，是个老粗，水平不够，咋个办呢？”

王家训说：“文化低，可以学，但‘大老粗’身上的毛病可得好好改改。以后党组织和党员同志们要严格要求你，认真帮助你，你得虚心听取大家的意见。”

贝乌5队党支部向钻井大队党总支作了汇报。当时的钻井大队总支书记满应科对贝乌5队党支部书记万振昌说：“王进喜是块好钢，优点很突出，但听说毛病也挺严重。好钢要放炉里炼，响鼓得用重锤敲，你们要做好耐心细致的工作。”

不久，满应科找王进喜谈话，一见面王进喜就说：“我早就想入党了，咋入啊？我不行啊！”

满应科说：“咋不行啊！入党就是要下决心跟党走，干好钻井工作。”

王进喜说：“这我有决心，能做到。”

满应科想听听王进喜当时的真实想法，就问他对当前的工作有什么意见。王进喜很激动地说：“我就是对‘长工活’有意见。那是对付地主工头的办法，我们是国家主人了，是给自己干活了，我就想把机器开大，转盘开快，狠狠地打，快快地打。”

满应科听了王进喜的话非常高兴，认为这种思想代表了先进工人的主流方向，指示贝乌 5 队党支部抓紧做好培养、发展工作。

王进喜找技术员黄少兰代笔写了入党申请书，党支部一方面发动全队党员做好思想教育工作，帮助王进喜克服缺点；一方面对其家庭和个人历史进行考察，严格履行入党手续。

经过一年多的帮助教育，大家感到王进喜变化很大，成熟了许多，他不仅工作好、干劲大，负责任、抓得紧，而且开始关心群众生活，注意工作方法，从此班里各项工作始终在队里名列前茅。贝乌 5 队党支部于 1956 年 4 月 19 日召开支部大会，讨论通过王进喜加入中国共产党，介绍人是王家训、田振风，主持支部大会并在王进喜入党志愿书上签名的是支部书记万振昌。

现在，我们在铁人王进喜纪念馆的展厅里读到了他的入党志愿书，其中有一句话是这样写的：“感到只有党才能解放受苦的人类，只有共产党才能使农民、工人过上幸福的生活。因而，我为了给人民给祖国共（贡）献出更大的力量，所以要求加入光荣的中国共产党。”语言朴素，表述直白，通过亲身感受，倾诉了这位放牛娃出身的工人对党的一腔真情，这也是王进喜后来成为“铁人”、工人阶级先锋战士的坚实的思想基础。

王进喜的入党培养人
回忆王进喜入党情况

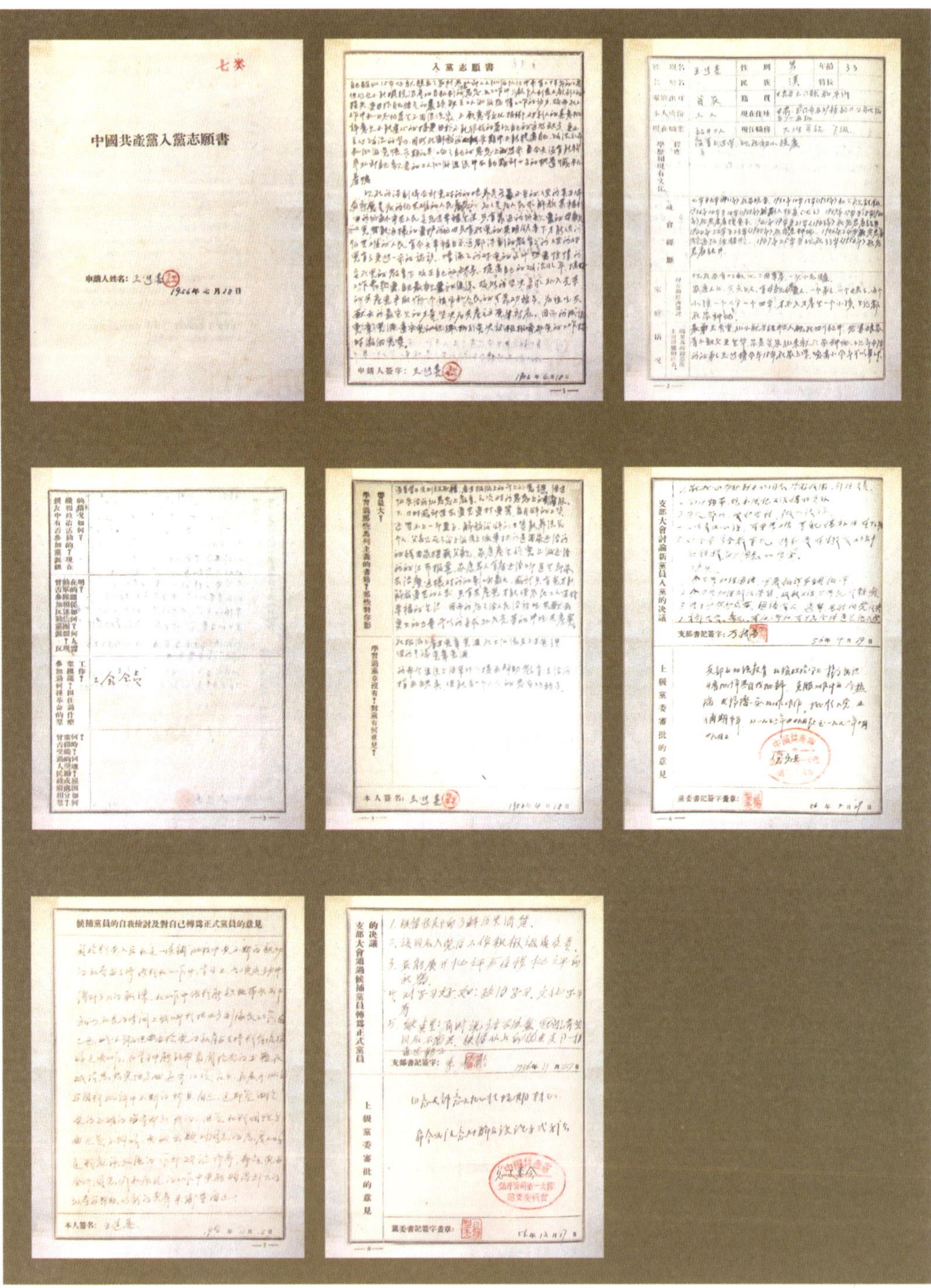

↑ 王进喜的《入党志愿书》

↑ 王进喜光荣入党（油画）

↑ “一辈子就跟着共产党走，死也不回头！” 杨玉民／绘

给它来个翻身仗

王进喜入党以后，党组织就给他压上了重担。贝乌 5 队队长姚武生因工作需要调走，副队长王家训接任队长，王进喜被提拔为副队长。没过几天，王家训也调到钻井大队，王进喜就于 1956 年 6 月担任了贝乌 5 队队长职务，成为玉门油矿 48 个钻井队长中的一个。

刚当上队长，王进喜心里没底，就去找师傅郭孟和，郭孟和说："有党的领导和群众支持，你怕啥。干吧！"有了师傅这句话，王进喜心里踏实了一些。

贝乌 5 队从 1953 年建队以来，一年打井才 800 多米，总是与先进不沾边，而被人称作"豆腐队"。全队工人为此憋气，王进喜更是着急。每年开庆功会，当司钻的王进喜看着人家戴红花领锦旗，自己连头都抬不起来。如今党把重担交给了自己，这个队长可怎么当，翻身仗怎么打呀？他心里沉甸甸的。

↑ 孙永臣

正当新队长王进喜谋划怎样打这场翻身仗，却又有点感到形单影只时，上级把孙永臣派到贝乌 5 队当支部书记；接着又把大学毕业生田肇雄分配到贝乌 5 队当技术员。这一下可真把王进喜乐坏了。

孙永臣，一米六七的个头儿，浓眉大眼，是参加过抗美援朝战争的老党员，有丰富的政治思想工作经验。他为人忠厚，性情温和。田肇雄从北京石油学院一毕业，就要求支援大西北。他是学石油钻井工程的，懂得地质和钻井知识，到队没几天就熟悉了业务，和工人交上了朋友。文化很低的王进喜天生就非常尊重有知识的人，两人也很快就成了好朋友。

这样一来，贝乌 5 队的领导班子就具有了很强的战斗力。队长王进喜如虎添翼，主动出击，奋发上进。

王进喜整天找领导要任务，不给不走，今天没拿到手就明天再来。

王进喜性子急，哪儿出了毛病就找哪个部门，不给解决他不走，甚至吵架发脾气。

没事就上材料库，见了生产有用的东西就领，比别人抢先了一步……

王进喜这种扎实科学的工作作风和快节奏，不仅使贝乌 5 队的工作大有起色，还对整个钻井工作起到了带动作用。1956 年，在上级和队党支部的领导下，经过王进喜和全队工人的艰苦努力，贝乌 5 队第一次打井过 10 口，进尺达到一万米，比上年翻了一番，提前超额完成了钻井计划，受到了玉门局和钻井公司的表彰，由“豆腐队”一举跨入先进队的行列，实现了王进喜“打它一个翻身仗”的愿望。

↑ 1957 年，国民经济遇到困难，钻井材料短缺。王进喜自力更生，提出半年不用领导管，全年不领泥浆，一口井不领新钻头，修旧利废坚持打井，完成全年生产任务

↑ 1956 年 6 月，王进喜任贝乌 5 队第三任队长，成为玉门油田 48 个钻井队长中的一个。他带领全队拼命大干，当年进尺超过万米，比 1955 年全年进尺翻了一番，提前超额完成任务，当年的“豆腐队”变成先进队。图为王进喜（右一）与入党介绍人、贝乌 5 队第二任队长王家训（左二）以及队友在井场合影

前人没有干过首创整体搬家

1956年11月，贝乌5队在三角湾打765井。在快要完钻的时候，上级通知因地质需要接着在附近再打一口井，井位就定在765井13米开外的地方。

虽然只有13米远，但按制度规定也得放架子拆搬。所谓“放架子拆搬”，就是把40米高的井架放倒，拆散了，变成零部件用车拉运到下一个井位。这样大拆大搬加上重新再安装，既要大量的车辆、人力，又得花好几天的时间。

王进喜心急火燎，决定晚上开会，征求大家的意见。一个叫戴祝文的青年工人说，要是一下子把井架钻机全拉过去多带劲！这一说，真的就提醒了王进喜，对呀，能不能上它十几台拖拉机，不放架子来个整体搬呢？

王进喜和技术员田肇雄立刻来到井架下，观察了船形底座的受力情况，又对整套设备的固定状况进行检查，田肇雄说：“看起来钻台部分没问题，就是井架会不会晃倒，没把握。另外怎么拉，大绳怎么挂，我得计算一下，定个方案出来再说。”

王进喜说：“行，快点拿出来让大家研究补充。”

方案出来以后，召开了干部、司钻和老工人座谈会，征求对整体搬家的意见。大家很赞成王进喜的大胆设想和革新精神，对方案做了一些补充和修订，只是少数工人有点儿担心。田肇雄说：“我计算了一下，用两台拖拉机两边拉着，井架不会倒。”最后大家决定试验整体搬家。大队和公司两级领导也都很支持。

1956年11月23日早，765井井场上人声鼎沸。贝乌5队的工人们既紧张又兴奋，按照分工坚守在各自的岗位上。14台大拖拉机陆续开来，大队长王嘉善等有关领导也来到了井场。拴好绳套后，王进喜和田肇雄又认真地检查了一遍，确保一切稳妥后，王进喜把 14 名拖拉机手和各岗的小组长召集在一起，最后又讲了一遍注意事项，并规定了开、停、快、慢等指挥手势，要求大家一定要胜利完成这次整体搬家任务。

在王进喜的指挥下，负责牵引的 12 台拖拉机立即起动，排气管子冒出了黑烟。高大的井架连同那巨大的钻台，在轰鸣的拖拉机声中徐徐前进，10 分钟后安全、平稳地来到了新井上。

这次整体搬家的成功，轰动了整个钻井战线，全玉门都知道了王进喜的大名。

虽然只是 10 分钟走了 13 米，却是玉门油矿乃至全国石油行业的一项首创，标志着一项省时高效的钻机搬家新技术的诞生。这不仅为后来玉门油田“大战白杨河”打下基础，也为大庆石油会战中创纪录积累了经验。

接下来，他们再接再厉，虎口拔牙，在 319 井的边上又重新打了一口 319

↑ 钻机整体搬家

井。原来的 319 井，于 1956 年 7 月 1 日发生强烈井喷引起大火，井毁人伤。

就这样，贝乌 5 队 1956 年全年进尺超万米。1957 年，在国民经济十分困难的情况下，王进喜和他的队伍自力更生，靠修旧利废坚持钻井，打井总进尺 6776 米，钻机平均月速度达到 716 米，再一次站到了先进队的行列，受到了玉门石油管理局和地质勘探公司的表扬。1958 年春，石油部部长李聚奎到玉门检查指导工作，对王进喜说："别的队因为井上缺料在晒钻杆，你们靠修旧利废还打了这么多井，真不赖！"

李晨 / 绘

↑ 1958年，王进喜在玉门白杨河打井时，组织全队讨论提出了“月上5千、年上万，钻透祁连山，玉门关上立标杆”的目标。为了实现这一目标，王进喜不仅带头大干、苦干，还首创中国石油钻机整体搬家，实现了“当天搬家、当天安装、当天开钻”的三当天钻井。图为钻机整体搬家

← 王进喜钻井队首创钻机整体搬家纪念碑

第三篇

钻透祁连山

→ 钻透祁连山　李晨 / 绘

争上白杨河

1958年，石油部在安排第二个五年计划时，为解决这个钻井速度慢的问题，在石油工业的主战场——玉门和新疆发起了以“高速优质钻井”为中心的群众性竞赛活动。

玉门油矿为贯彻落实石油部的战略部署，组织一批先进钻井队“大战白杨河”。白杨河油田位于老君庙东北9公里处，是1958年重点开发的油田。以著名的标杆贝乌4队（队长景春海）为龙头和新疆的1237钻井队（即1202钻井队，队长张云清）等展开一场“钻井大战”。

5月上旬的一天，王进喜翻着一张旧报纸，突然发现一条消息说，新疆的张云清钻井队3月打井1277米，“突破了月上千，保证年上万”，已经超过了玉门关，党政工团都表示祝贺。一向不服输的王进喜一听就来了火，说：“他张云清是咱玉门出去的，人是一样的人，钻机是一样的钻机，为啥咱们叫人家压着打。”

6月的白杨河，热火朝天。景春海钻井队、张云清钻井队你争我夺，新纪录不断被刷新。王进喜可真的坐不住了。在一口井完钻以后，他召集骨干开会，商量申请搬家上白杨河的事。他对大家说：“窝在这里太憋气，咱们要来它个‘月上千，年上万，祁连山上立标杆’，

↑ 老白杨河油田全景

↑ 焦力人

也去大战白杨河好不好？”大家一听非常高兴，个个摩拳擦掌，跃跃欲试。

这时的贝乌5队实力大不如前。支部书记孙永臣去参加四川石油会战了，技术员田肇雄也调走了，一些骨干支援了别的队。一个字，弱。曾帮助过王进喜入党的老党员、老练的机械工长张兴福开完会对他说："现在咱们打得也挺顺，我看是不是别搬了，在这平平稳稳地保个先进得了！"王进喜对张兴福一向很尊重，他心平气和地说："张师傅，你以为我是为了争先进吗？不是。是为了多打井，早点赶上新疆，为咱玉门人争口气！"

"七一"建党节之后，在一次大队调度会上，王进喜提出要搬家上白杨河打井，大队长王嘉善不同意。王进喜一气之下又去找玉门石油管理局局长焦力人。焦力人被他缠得没办法，就抛下他去找其他领导商量。玉门市委书记刘长亮说："群众的积极性要保护！王进喜这两年打得不错，给他搬，叫他的队在比赛中锻炼提高！"

当年的钻井大队调度员刘勤学回忆说："那天下午3点多钟了，王进喜让我给他安排搬家。我说明天再说吧，他说不行，今儿个就安排搬。我只好连夜找地质勘探公司综合调度，安排车辆，第二天就开搬。"

当时，上任不到半年的石油部部长余秋里从四川到玉门召开现场会，动员群众解放思想，苦干巧干，开展技术革新和技术革命。听了王进喜争上白杨河、大闹调度会的事，非常高兴，亲自到刚刚搬来的贝乌5队井场视察，余秋里对玉门石油管理局和地质勘探公司的领导说："王进喜是半路杀出来的程咬金，堪当大任，要全力支持他，让他放开手脚干！"

↑ 1958年10月，王进喜到新疆克拉玛依参加石油部召开的现场会。图为会议期间王进喜（左二）到当时著名的青年钻井队——张云清（右二）钻井队（1202钻井队的前身）参观学习

这是我们队全体同志向党保证了的

1958年这场“钻井大战”，是钻井队强手之间的较量，玉门、新疆都派出了最强的阵容。一个要标杆立祁连，一个要红旗插天山，你争我夺，互不相让。

作为当时“一般先进队”的贝乌5队，相比之下应该算支弱队。可王进喜就是有股敢与强队争高下不服输的劲头，有豁上身家性命的忘我精神，有一种虚心向对手学习的风格。

在制订9月钻井计划时，王进喜和支部书记景玉琦商量后，果断提出“月上5千米，超4队，也超过新疆张云清队”的目标。

“月上5千米”，非同小可。在当时，一般井队一个月打七八百米已属正常的情况下，“月上5千米”简直令人难以置信。但全国石油事业发展需要，同新疆竞赛成败所系，王进喜必须面对挑战。他说：“月上5千米，钻透祁连山，是前人没有干过的事，我们不冲叫谁冲。”

通过贝乌5队值班房上贴的标语，我们就知道当时气氛的紧张热烈：钻透祁连山，战胜戈壁滩，快马加鞭进军吐鲁番，玉门关上立标杆！日上千，一年钻井上双万！

要想创造不寻常的纪录，就得拿出不寻常的胆量和办法。王进喜大胆实践，摸索快打办法。他把柴油机转速从1200转提高到1400至1500转，经过几口井的实践，没发生什么问题，大大地提高了钻井速度。

有了这次经验，王进喜和工人们接连打破了一系列的老框框：大胆试验用两部柴油机“并车起钻”；用七寸半的钻头打井，尝试钻压加到24~25吨；800米以下使用大泵量，开四挡或三挡车；井深1200米以后开双泵，结果是打得又快又好又安全。

一天，半夜一点多钟，玉门矿务局党委副书记焦万海来到王进喜的钻井队，询问打井情况。王进喜说，顺利倒是顺利，只是进尺还没有上去，半个月才打了两千米。焦万海又问："那全月呢？"王进喜坚定地回答："五千，一点也不能少，这是我们队全体同志向党保证了的，我们要坚决兑现！"焦万海心疼地望着王进喜，发现他下巴上的胡子长得和张飞的一样长了。

有上级部门的关心和爱护，加上技术革命打破陈规，贝乌5队提高了钻井水平，各班越打越快，各项指标不断升高。9月17日，还创造了一天打3个钻头、日进尺554米的最高纪录，机械钻速每小时达到32.4米。

"月上5千米"，代表的是玉门的水平；超过新疆，是矿务局全局的大事，玉门6万人都在期盼着。戈壁9月，大战正酣。贝乌4队、贝乌5队，你争我夺，互不相让。而对外，这两把"尖刀"又一起对付张云清钻井队，龙争虎斗，舍我其谁。

9月19日，激战达到白热化，张云清钻井队已经打到3951米，超过了贝乌4队，也超过了贝乌5队。王进喜立即召集骨干们到一起，研究对策。终于，9月23日打到了4607米，把贝乌4队甩在了后边，也超过了新疆的张云清钻井队。

9月30日下午4时整，贝乌5队打到4975米，离5000米只差25米了。9月30日的夜晚，井场上洋溢着一片又炽烈又紧张的气氛。钻工们一次又一次去看表，在离10月1日还有20秒的时候，5千米的红色标记，方钻杆上的那一圈红线，倏地消逝在钻盘中了。到零点时，一算，9月干了30天，钻进了5009.32米。闯过5千米大关，新的纪录诞生了。

在整个竞赛过程中，王进喜一直住在井上，一天24小时管生产。他给这种工作方法起了个名字，叫"全天滚"。玉门石油管理局局长焦力人到井场检查工作，看到王进喜躺在排好的钻杆上睡觉。这位部队转业身经战火的老局长差点掉下泪来。

当年的《人民日报》刊发新华社发布的消息："玉门王进喜钻井队9月份月进尺5009米，创世界少有的纪录。"

1958 年 9 月 30 日，王进喜任队长的贝乌 5 队在白杨河创造月进尺 5009.32 米的全国纪录

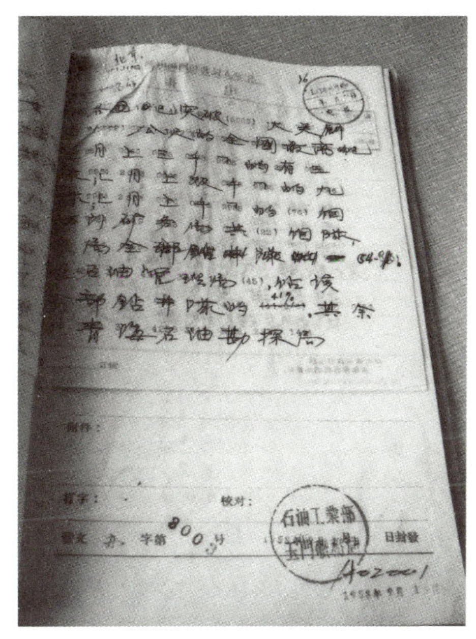

贝乌 5 队创造月上 5009.32 米高纪录后，玉门矿务局向石油部报捷时发出的电报

王进喜钻井队首创钻井进尺全国纪录纪念碑

↑ 疲惫的王进喜躺在钻杆上睡着了　　李晨 / 绘

↑ 中国共产党历史展览馆展出的玉门油田“争上白杨河”期间用的老式抽油机

奋发思变杀出一匹黑马

多年以后，曾经参加过“白杨河大战”的新疆 1202 钻井队队长张云清回忆说：“1958 年钻井大战，王进喜是中途杀出来的一匹‘黑马’。他的出现，搅得玉门不得安宁，也在我们新疆屁股后面烧了一把火，把整个钻井速度提高了一大截。”

1958 年 10 月 6 日，石油部现场会在新疆克拉玛依油田召开，王进喜作为玉门代表团的代表参加会议。10 月 24 日，石油部在中苏友谊宫门前的青年广场上召开万人表彰和比武大会。会上给各油田先进队发奖旗。石油部部长余秋里和副部长康世恩亲手把一面宽近两米、长近四米、中间写有“钻井卫星”四个大字、落款“中华人民共和国石油工业部”的奖旗，授给了王进喜。

1958 年底，王进喜带领的贝乌 5 队打井 21464.60 米，上了“双万”，双倍地实现了 7 月提出的“月上千，年上万”的奋斗目标，创造了班进尺 268 米、日进尺 554 米、月进尺 5009.32 米三个全国最高纪录。

石油部部长余秋里在他的回忆录里，对钻井闯将王进喜思想品格和精神风貌进行了高度概括：“不安于现状，不拘于常规，奋发思变。”

1959 年初，贝乌 5 队和贝乌 4 队同时搬到老君庙的三角湾地区打井。老君庙位于东山半山腰，沿着老君庙向上走，过豆腐台，再向南，有一个小山包，这个地方就是三角湾，海拔约有 2600 米。

三角湾地区是在山上打井，地质条件比较复杂，地层坚硬，钻井难度很大。这里曾有美国和苏联两个国家的钻井队打过井，美国人是新中国成立前在这里打井，苏联人是新中国成立后在这里打井，使用的都是大中型钻机，但是他们的班进尺都没有超过 100 米。

不安于现状的王进喜要向洋人发起挑战，外国人做不到的事情，难道我们中国人就做不到吗？打他一个 100 多米，让外国人看看新中国石油工人的志气。

王进喜把他的想法和全队职工的决心向地质勘探公司的领导作了汇报，坚决要创造三角湾地区钻井百米班纪录。公司、大队的领导非常支持，指示他把工作做细做好做扎实，坚决拿下钻井百米班纪录。

当天夜里，贝乌 5 队召开了司钻碰头会。大家你一言我一语，七嘴八舌，认真分析如何创造钻井新纪录的措施，讨论了半个多小时，整体思路也策划出来了。

开钻的第一个班是周正荣班。王进喜很重视，亲自参加了他们班的班前会。王进喜对大家说：“这口井，你们这个班一定要下决心，想办法，把人员组织好，争取创造钻井新纪录。你们有没有决心？”

“有！”全班钻工一齐发声。

↑ 周正荣

钻台上，并排摆了三个牙轮钻头。周正荣、郭继贤、王进喜三个人仔细挑选着，晃动晃动齿轮，拍拍牙轮掌子，最后三个人一致同意下第二个钻头。随即，钻工把牙轮钻头接到接头上。然后，周正荣把钻头下到井底，离合器拉杆一推，大吼了一声：“开钻！”

周正荣手扶刹把，全神贯注地注视着指重表，不时地调整钻压。钻台上，井架工、内外钳工不敢含糊，盘旋绳器的盘旋绳器，往方钻杆上抹机油的抹机油，吊钻杆的吊钻杆，接单根的接单根，各项工作有条不紊。

8 个小时过去了，新纪录产生了，班进尺 152 米！

多年来，周正荣班在该地区创造的班纪录，没有人能打破，独占了三角湾地区钻井班进尺最高纪录的鳌头。

↑ 三角湾地区

↑ 在克拉玛依现场会上王进喜（左一）准备发言

↑ 贝乌5队荣获石油部颁发的“钻井卫星”红旗。石油部部长余秋里（前排左一）和副部长康世恩（前排左二）一起给王进喜（前排右一）授旗

→ 王进喜手擎“钻井卫星”红旗。他说：“这面红旗的光荣，是党的光荣，是玉门市6万人民的光荣。”

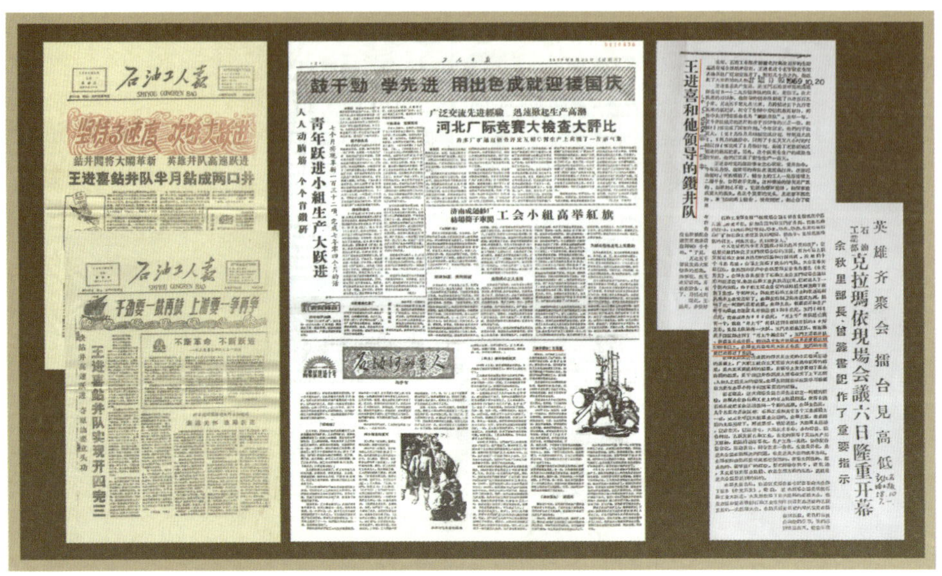
石油工人报

坚持高速度 欢呼大跃进

钻井闯将大闹革新 英雄井队高速跃进

王进喜钻井队半月钻成两口井

石油工人报

干劲要一鼓再鼓 上游要一争再争

王进喜钻井队实现开四完三

鼓干劲 学先进 用出色成就迎接国庆

青年跃进小组生产大跃进

河北广际竞赛大检查大评比

工会小组高举红旗

王进喜和他领导的钻井队

英雄齐聚会 擂台见高低

克拉瑪依現場会議六日隆重开幕

↑ 报道王进喜钻井队的报纸

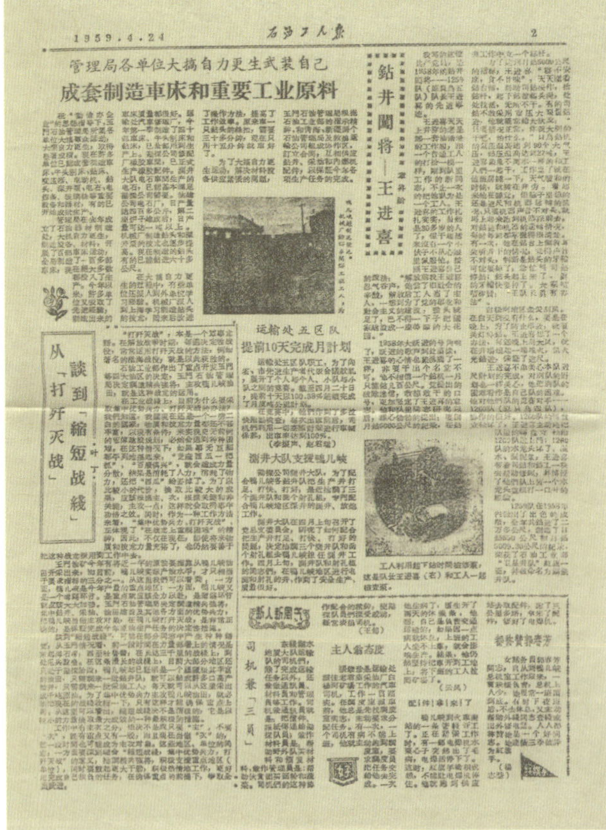
1959.4.24 石油工人报 2

管理局各单位大搞自力更生武装自己

成套制造車床和重要工业原料

鉆井闖将——王进喜

从"打歼灭战"谈到"缩短战线"

运输处五区队 提前10天完成月计划

测井大队支援钱儿峡

新人新風气

主人翁态度

← 1959年4月24日，《石油工人报》刊登题为《钻井闯将——王进喜》的文章

今天当了劳模，都是党的领导，集体的力量啊

1959年9月下旬，甘肃省劳动模范表彰大会在兰州召开。王进喜既是钢铁钻井队——贝乌5队标杆队的代表，又是甘肃省劳动模范，可以说是大会代表当中为数不多的双料标兵。

王进喜请一起参加会议的钻井总工程师彭佐猷写了个发言提纲，共4句话31个字：一、玉门形势好；二、大家干出的成绩；三、党的领导和培养；四、放牛娃娃当劳模，社会主义好。王进喜对彭佐猷深情地说："我今天当了劳模，都是党的领导，集体的力量啊！"

劳模分组发言时，王进喜掏出这张"发言稿"，习惯地把两只袖子撸起来，照着这4句话31个字，足足讲了两个小时，语言生动，故事有情有理，头头是道，再次展示了他天才的讲演才能。王进喜所在的分组是个大组，有200多人，代表们听后深受感动，交口称赞。

在甘肃省劳动模范表彰大会上，王进喜被推举为国庆观礼代表。同时被推选为出席全国工交群英会（全国工业、交通运输、基本建设、财贸方面社会主义建设先进集体和先进生产者代表大会）的代表。

↑ 1959年全国工交群英会

10月1日，庆祝建国

十周年大典在天安门广场隆重举行。王进喜同来自祖国各地的代表一起站在观礼台上。他的目光始终盯在天安门城楼上，盯着日思夜想的救命恩人毛主席。这天晚上，王进喜躺在床上翻来覆去，怎么也睡不着。他心潮澎湃，挥毫作诗：

北京见到毛主席
浑身是劲精神抖
满怀豪情干革命
永生永世不回头

10 月 26 日，全国工交群英会在北京隆重开幕。会上，王进喜怀着激动的心情，听了题为《高举党的总路线红旗，为社会主义建设事业继续跃进而奋斗》的报告。

会上，发了两件奖品：一件是《毛泽东选集》（三卷本），另一件是一支英雄牌金笔。从那时开始，王进喜有了自己的书，并开始了毛主席著作的学习。

全国工交群英会期间，一天下午休会，王进喜和几位代表看完天安门、故宫，来到北大红楼附近的沙滩后街。王进喜看到有辆公共汽车背着一个大包袱，又笨又难看，走得也很慢，有些不解，就问身边的一位同志："汽车上背的是个啥？"对方回答说煤气包。王进喜又问，背煤气包干啥？对方说里边装的是煤气，用来烧的嘛！王进喜问，为啥不烧油呢？对方说，没有油嘛！国家缺油啊！

连首都——毛主席住的地方、党中央所在地、全国的指挥中心——都没有油用，汽车背上"煤气包"。王进喜的头嗡的一下大了起来，无力地走到路边蹲了下来，好像忘记了别人的存在。他心想："国家这么难，我们搞油的人，自己身为钻井队长，还是什么先进，有什么脸见人，真是有愧啊！"想到此，两行泪水悄悄流下来，他用扶刹把的大手轻轻擦去，却怎么也擦不完。

“男儿有泪不轻弹，只因未到伤心处。”王进喜痛快淋漓地让泪水从眼中流出，捧给人们的是一掬西北硬汉的英雄泪，是工人阶级主人翁的意识和历史的使命感。

→ 1959 年 9 月，王进喜被选为建国 10 周年国庆观礼代表和全国工交群英会代表

↑ 1959 年王进喜参加全国工交群英会戴的前进帽（国家一级文物 大庆铁人王进喜纪念馆收藏）

↑ 1959 年 10 月，王进喜参加全国工交群英会期间和代表们在一起座谈。左起依次为薛国邦（后成为大庆会战初期“五面红旗”之一，“五面红旗”中有四人来自玉门）、孙德福（玉门 3219 钻井队队长）、张云清、王进喜

↑ 王进喜因国家缺油，感到耻辱而流泪，就发生在北大红楼附近的沙滩后街。左图为背着煤气包的公交车，右图为当年的北大红楼

↑ 泪洒沙滩（油画）

1959.12.3

欢迎你们，玉门人的英雄！

石油工人报

SHIYOU GONGREN BAO

我市出席全国群英会代表光荣归来

市党政领导同志亲往车站迎接，市委、市人委举行联欢晚会欢迎英雄归来

英雄满载归来

兴高采烈迎英雄

我市出席全国群英会代表 今起广泛展开传达活动

你们是工业、交通运输、基本建设、财贸战线上的先进单位的代表和先进生产者，是我们党和国家的最宝贵的财产，你们的光荣是人民的光荣。在我们的国家里，先进单位和先进生产者的伟大历史作用，不仅在于他们以自己的卓越成就促进了我国的社会主义建设事业，而且在于他们能够帮助别人和别的单位迅速提高到先进的水平上来。

——摘自中共中央给全国群英大会的贺词

思想不断革命 生产节节胜利

钻井一大队提前跨入1960年

↑ 1959 年 12 月 3 日，《石油工人报》刊登题为《欢迎你们，玉门人的英雄！我市出席全国群英会代表光荣归来》的文章

第四篇

他真是个铁人

下车三问

石破天惊。1959年9月26日，位于松辽盆地的松基三井喜喷工业油流，我国在东北发现了大油田。接下来，石油勘探钻井队伍又相继在大庆长垣大手笔地拿下了萨66井、杏66井、喇72井，“三点定乾坤”，粗线条地勾勒出了大庆油田的宏观面貌。

1960年2月13日，石油部党组向中共中央上报了《关于东北松辽地区石油勘探情况和今后工作部署的报告》，请求党中央批准组织大庆石油会战。2月20日，中共中央批准了这个报告。全国37个石油系统厂、矿、院校、科研部门的精兵强将和中央批准的3万多名解放军退伍转业官兵奔赴大庆。

1960年3月15日，王进喜带领贝乌5队职工从玉门出发，前往大庆参加石油会战。3月25日清晨，一列满载石油工人的列车呼啸进站。从车上下来一队人马，迅速集合在“更高标杆立祁连”的红旗下，领头的是一精壮汉子，肩背小挎包，头戴半旧的前进帽，面容黑瘦，颧骨很高，不大的两眼炯炯有神，他就是王进喜。

松辽石油勘探局勘探大队总务科长朱开茂负责接站。他握住王进喜的手热情地说：“玉门老标杆来会战，我们表示欢迎。这里条件太差，天气又冷，我们一定尽量安排好！”

王进喜说：“下了火车我们是一家人，别分你们我们了。我问你，我们的钻机到了没有？井位在哪里？”

这时的朱开茂专管接待，不过问生产，一时答不上来。他只好说：“钻机到没到我不知道，井位在哪儿也说不清。但按计划叫你们住马家窑！”

接下来，王进喜又问了王廷锦。王廷锦参加大庆石油会战前，是玉门勘

《铁人和他的队友们》国画

探公司的组织部长。王廷锦也说不大清楚。王进喜和孙永臣简单商量了一下，决定带着孙秉科、周正荣再去车站打听打听。

火车站人来车往，热闹非凡。王进喜逢人就问："我们的钻机到了没有？马家窑在哪里？这里的钻井纪录是多少？"在车站问了半天，也没问出名堂来。他们就近找到了一户老乡的牛棚，全队职工对付着住了一晚上。

次日吃完早饭，王进喜领上技术员郭继贤去找萨中指挥部筹备处报到，他又问调度员钻机、井位和纪录等问题。不料，那个调度员也并不知情。

这时，正好看见一个熟悉的身影骑马过来，王进喜乐了。来人宋振明是大庆石油会战第三探区指挥，曾任玉门鸭儿峡采油厂党委书记、厂长，他是一个月前来大庆参加会战的。宋振明从当地牧场借来一匹大马，骑马各处了解情况，刚刚回来。

宋振明连忙跳下马来，领着王进喜来到牛棚拐角处的一个小屋里。王进喜在屋里看到老朋友彭佐猷，他在玉门时担任钻探处钻井总工程师，后参加过松基 3 井的固井技术工作，此刻正坐在那里看资料。王进喜一见都是老领导，没有寒暄和客套，又把他那"三句话"问了一遍。

宋振明说："你们钻机到没到，我还真不知道；马家窑在铁道南，离这不远也就十几华里，55 号井位就在村旁边；至于纪录嘛，目前几部大架子都在打探井，耗时比较长，纪录也不多。不过各局的精兵强将都上来了，你和景春海、孙德福是咱玉门的尖子，可得给咱玉门争口气啊！"

王进喜说："放心。我们队一定快安装，早开钻，打出好成绩。"

↑ 1960 年 2 月 28 日，玉门油田召开参加松辽会战动员大会

↑ 1960 年初，石油部部长余秋里点将，调玉门王进喜钻井队等赴松辽参加石油大会战。王进喜（左一）在玉门动员大会上发言，请求尽快开赴大庆

↑ 1960 年 3 月 25 日，王进喜和贝乌 5 队队员抵达滨洲铁路线上的萨尔图火车站

有也上 无也上

大庆石油会战，是在我国极其特殊的历史环境中，在极其困难的时候、极其困难的地方、极其困难的条件下进行的。

在这关键的历史时刻，王进喜和他的钻井队挺身而出，豪迈地喊出“有也上，无也上”的战斗口号，担负起历史的责任，用血肉之躯铸就了中华民族之魂！

在大庆档案馆收藏的大庆石油会战初期的《大事记》中，我们看到了王进喜和他的钻井队提出“有也上，无也上”这个口号的背景和思想基础。

1960 年 3 月 29 日，萨中指挥部指挥宋振明在牛棚召开玉门矿务局参战全体党员及机关干部第一次会议，传达石油部部长余秋里的指示，讲会战的形势和意义，动员全体党团员做好战胜困难的准备，提出了“拿出最大干劲，打响第一炮，迎接大会战”的口号，安排 4 月工作。

3 月 30 日，召开萨中指挥部成立大会，提出要“战胜困难，为高速度、高水平拿下大油田而奋斗！”王进喜在会上发言，提出了展开友谊竞赛的倡议。他说：“我们队要和孙德福、景春海、张云清队对一对（比一比）。你 5 天打一口井，我就 4 天，你两天我就一天。”最后，王进喜表示决心：“有信心，有决心，创造全国新纪录，力争 3 天半打一口井！”

3 月 31 日，萨中指挥部召开先进队长座谈会。王进喜在会上说：“眼下头上青天一顶，脚下荒原一片，要说困难可真不少。我们队几年的‘小仓库’现在也没有了。但没有了也要上。有也上，没也上，脱了裤子也要上。我们一定 3 天半上千，5 天打完一口井！”

王进喜把“有也上，无也上”当作一种行动指南，用以动员全队的职工，鼓舞大家的士气。他在萨中指挥部表了态，回队传达上级指示，激励全队工人“3 天上千，5 天打完一口井”，在“迎接大会战，打响第一炮”中带头。全队为此写决心书、保证书，到处是一派火热的大战来临前的高昂景象！

后来，对于王进喜的“有也上，无也上”，石油部副部长孙敬文觉得这样说不大科学，余秋里提出要认真琢磨推敲一下。大家几经研究切磋，把这句话完善为“有条件要上，没有条件创造条件也要上”，这样更带有鲜明的哲学意味和理论色彩。宋振明有一次到 1205 钻井队（即贝乌 5 队），对王进喜说：“看来咱们得把你那‘有也上，无也上’完善一下。你以后不要光说‘有也上，无也上’了，什么都没有你怎么上？领导们研究改为‘有条件要上，没有条件创造条件也要上’，这样更科学。”

“有条件要上，没有条件创造条件也要上！”普普通通的一句话，成为大庆石油会战的行动准则，成为鼓舞职工士气的最有力的一句口号。

正如 1966 年初《工人日报》发表的题为《“有条件要上，没有条件创造条件也要上！”——二论王铁人的革命精神》的社论所说：

中国工人阶级的光辉形象——王铁人，在为油而战的斗争中，发出了“有条件要上，没有条件创造条件也要上”的豪言壮语。这句话充分体现了大庆人敢于与天斗，与地斗，敢于革命，敢于取胜的大无畏精神，也充分体现了大庆人既藐视困难，又重视困难的科学态度。

↑ 大庆石油会战第三探区勘探指挥部指挥宋振明

「有条件要上，没有条件创造条件也要上！」

——二論王鉄人的革命精神

中国工人阶級的光輝形象——王鉄人，在为石油而战的斗爭中，发出了“有条件要上，沒有条件創造条件也要上！”的豪言壮語。这句話充分体現了大庆人敢于与天斗，与地斗，敢于革命，敢于胜利的大无畏精神，也充分体現了大庆人既藐视困难、又重視困难的科学态度。

王鉄人这句話，虽然是短短的几个字，却很好地說明了“人的因素第一”这个眞理。人，是世間一切事物中最可宝貴的。人，只要有了革命精神，在尊重客观規律的基础上，最大限度地发揮自己的主观能动性，世界上就沒有什么不可攀的高峰，就沒有什么不可克服的困难。

搞生产和打仗一样，不能沒有人，也不能沒有物。打仗，武器是重要的，但是决定战爭胜負的是人，人不勇敢，武器就不能充分发揮作用。搞生产，沒有机器設备、工具、材料等物质条件也是不行的，但是决定生产的好坏，水平的高低，速度的快慢，不仅是物质条件，更重要的是掌握和創造这些物质条件的人。

由于社会主义建設的发展，我們现在进行的每一项生产建設，都具有一定的物质条件，但是这并不等于說，我們工作中一切条件都是现成的，都是什么困难也沒有了。干工作，要求一切条件都齐备，要求从头至尾都順順当当，那是不切实际的。工作，就是斗爭；革命，就要战胜困难。在客观条件比較差的情况下，是坐等条件的好轉，还是自己动手去創造条件？在遇到了困难的时候，是知难而进，还是畏縮不前？王鉄人的回答是：只能干，不能等；坚决打上去，不能在困难面前退下来。这是工人阶級伟大的革命气概。

王鉄人和他的钻井队，正是以这种革命气概，为夺取胜利創造了各种条件，踢开了重重困难。吊車不够用，他們硬是人拉肩扛地把六十多吨重的钻机从車站运到了井場；輸水管綫沒有安裝好，他們硬是一盆盆、一桶桶地端水打井；重晶石粉一时供不上，他們硬是急中生智，用水泥压住了井噴。試想，要是王鉄人他們坐待条件，不敢和困难作斗爭，怎能多打井，快打井，打好井！怎能为祖国、为人民早日献出了石油！又怎能有力地回击帝国主义、修正主义在石油問題上对我們的封鎖！

“巧妇难为无米之炊嘛，沒有条件怎能干？”有的同志这样說。是的，我們是唯物主义者，一点也不忽視物质条件的重要性，“巧妇”的确难作沒有米的飯；但是，我們又是辯証唯物主义者，“巧妇”决不能等米下鍋，而要找米下鍋。

人，是生产力中最活跃最有决定性的因素。能动性，是人所以区别于物的特点。在共产党領导下，用毛泽东思想武装起来的人，更不是一般的人，是革命的人。他們最有革命理想，最有革命朝气，最有創造精神，最有战斗力。他們永远是社会和自然的主人，决不甘当客观規律的奴隶。他們能自覺地运用客观規律，最大限度地发揮自己的革命干劲和聪明才智，来能动地改造世界。

在社会主义革命和社会主义建設时期，沒有条件創造条件上的事迹何止成千上万！你看，沒有大机器，人們就用“螞蟻啃骨头”的办法，让小机器来造大机器；沒有精密設备，就大鬧技术革新和技术革命，改造旧設备，用老旧設备造出了精密产品；沒有高級材料，就“粗粮細作”，大找代用品，制造出了一般人认为难以制造的优等产品。一万二千吨水压机不正是用这种革命精神制造出来的嗎？其他很多具有世界水平的产品不正是这样制造出来的嗎？要是不去最大限度地发揮人的主观能动性，坐等万事齐备了再干，岂不丧失了时間，岂不要大大推迟我国工业化的速度！时間是党的，时間是国家的，我們沒有权利白白浪費！帝国主义并沒有睡大觉，落后可是要挨打的。我們一定要与帝国主义爭时間，爭速度，爭水平！

路要人去走，潜力要人去挖，竅門要人去找，办法要人去想，高峰要人去攀，时間要人去爭。一切需要而又可能办到的事，无不需要发揮人的主观能动性，这样，可能性才会变成現实性；一切需要办的而条件还不完全具备的，也无不需要发揮人的主观能动性，去积极地創造条件，促使它一步步地实現。

为什么有些同志在接受一項任务、进行一項工作时，看到条件差一些、困难多一些，就畏畏縮縮，不敢昂首闊步地前进呢？这和他們沒有学会全面地、发展地看問題有关。办成一件事情的条件有两种，一种是客观条件，一种是主观条件。主观条件好，就能利用一切客观可能性，創造良好的客观条件，改变不利的客观条件，促使事物向有利于革命、有利于人民的方向轉化。

我們常常可以看到，在客观条件相同的情况下，由于人們主观能动性发揮的程度不同，工作的实际效果却大不相同。甚至有些客观条件較好的单位，工作并不出色，而一些客观条件較差的单位，却相反地取得了显著的成績。大庆、大寨的例子，最雄辯地說明了这个問題。論客观条件，大庆地处荒原僻野，大寨地处穷山恶沟，比好多地方都要差，可是他們却創造了惊天动地的丰功伟績，成为全国学习的榜样。他們所以能这样，就因为他們突出政治，活学活用毛泽东思想，奋发图强，自力更生，充分发揮了人的革命积极性和創造性。这样，精神力量就变成了无穷无尽的物质力量。

“沒有条件創造条件也要上”的“上”，指的是无产阶級革命者的奋发有为，不怕鬼、不信邪的斗爭精神和革命行动。至于在具体工作中，哪些該上，哪些不該上？哪些該先上，哪些該后上？一切都要根据客观形势的需要，根据党的决定来办事。我們要把高度的革命精神建立在实事求是、尊重客观規律的基础上。这样，人的主观能动性才能用得是地方，用到点子上来，才能掌握工作中的主动权，才能有“自由”。任何人不可以无根据地胡思乱想，不可以超越客观情况所許可的条件去計划自己的行动，不要勉强地去做那些实在做不到的事情。但是，凡是党作了决定，下了任务，經过努力完全可以做到的事情，我們就要象王鉄人那样，有条件要上，沒有条件創造条件上，千方百計完成党的任务！

第三个五年計划是一个更加宏伟壮丽的計划。摆在我們面前的任务十分繁重，要求我們最大限度地发揮自己的积极性和創造性。我們每个职工都要向王鉄人和其他建設社会主义的英雄們学习，迎难而上，頂风而上，創造条件上，人人都当无产阶級的頂梁柱，建設社会主义的活愚公，尽自己的一切力量推进无产阶級的革命事业，为全中国人民、为全世界人民作出更大的貢献！

1966年1月16日，《工人日报》刊登题为《“有条件要上，没有条件创造条件也要上！”——二论王铁人的革命精神》的社论

↑ 王进喜（中）和大家一起研究卸车办法

↑ 王进喜站在高处指挥卸车

↑“石油工人一声吼，地球也要抖三抖！”成为会战职工心中迸发出的春雷

↑ 王进喜拼尽全力拉大绳

↑ 1205 钻井队使用过的 B 型吊钳
（国家一级文物 大庆铁人王进喜纪念馆收藏）

人拉肩扛运钻机

我们37个人就是37部吊车

大庆石油会战开始后，职工遇到各种生产、生活上的困难，为统一大家的思想，会战总部以石油部机关党委的名义发出了《关于学习毛泽东同志所著〈实践论〉和〈矛盾论〉的决定》，要求参战职工用《实践论》《矛盾论》（以下简称“两论”）中的立场、观点和方法来开展大会战的全面工作。

1205钻井队党支部也制订了学习计划，由支部书记孙永臣担任组长，组织全队职工学“两论”。通过学习，王进喜和大家认识到：这困难，那困难，国家缺油是最大的困难；千矛盾，万矛盾，祖国建设急需要油而国家又缺油是最主要的矛盾。他们决心奋发大干，把我国石油落后的帽子甩到太平洋里去。

1960年4月2日早，一辆载着1205钻井队钻机的列车徐徐驶进萨尔图火车站。

通常情况下，1205钻井队的钻机在玉门拆散搬一次家要用大吊车4部、大型太脱拉越野汽车10部、拖拉机3到4部，而且要有专门的安装队来给搬，钻井队只能做些准备和配合工作。可是，在当时的大庆，这些常规条件暂时还不具备。王进喜把全队职工集合到一起，大声说：“我们大会战也像打仗一样，只能上，不能退；只能干，不能等！没有吊车，我们37个人就是37部吊车，汽车不够，我们有手有脚有胛子（肩膀），蚂蚁搬山也要搬。我们就是要靠我们自己的力量卸车搬运安装，早开钻。你们说行不行？”

“行！”全队职工齐声回答。

一场人与钢铁的较量、力量与困难的搏斗就这样开始了！他们硬是靠手搬肩扛人抬，把那些卡瓦、大钳、水龙头、大钩等装满车，一车又一车拉到萨 55 井井场。但如何把 5 吨多重的绞车拉到两米多高的钻台上，成了一个难题。王进喜和一部分人站在钻台，双手紧攥大绳，双足死蹬钻台，身体向后猛仰，拼尽全力往上拉。孙永臣带领一部分人在绞车后边，把长长的撬杠插在绞车底座下，用肩膀扛住全力往上推。万斤绞车就在王进喜沙哑的吼声中，在三十几名工人的拼命肉搏中，一点点地向上爬……

全队工人陆续把绞车、转盘等钢铁大件，一件一件弄上钻台。王进喜又带领大家经过一天一夜的努力，把 40 多米高的井架在荒原上矗立起来。在这过程中，他们喊出了“石油工人一声吼，地球也要抖三抖。石油工人干劲大，天大困难也不怕！”的时代强音。

4 月 5 日，正当王进喜带领 1205 钻井队摩拳擦掌准备开钻时，却由于水管线未接通，无法配置泥浆，不能开钻。当时，有人建议到一公里外的一个水泡子里去破冰取水；有人说这简直是胡闹。可王进喜觉得这是个好主意，坚决支持。

王进喜说：“这是没有办法的办法，怎么能是胡闹！”

有人提出疑问：“你看哪个国家端水打井？”

王进喜回答：“就是我们中国！我们就是尿尿也要开钻！”

早春四月，仍是冰天雪地，每个水泡子都是厚厚的坚冰。王进喜率先用镐头砸开冰层，敲开一个 1 米方圆的冰窟窿。大家找来了水桶、脸盆、水壶等各种容器，甚至连灭火器的外壳、铝盔都成了运水的工具。附近的老乡和许多机关干部都闻讯赶来端水，很快形成了一条人工运水线。他们还拿管钳、扛油管、接管线，把玉门带来的离心泵，还有从车站拉来的水泵都接上，水被用现代化方法泵至远方的池子里。

就这样，他们用各种各样的土办法，一天一夜端了 50 多吨水，保证了萨 55 井的正常开钻。

这口井于 4 月 14 日上午 8 点正式开钻。为打好这口井，王进喜全天在井上，日夜围着钻台转，抓要害、顶关键，随时解决生产技术上出现的问题。根本不分什么“八点”“零点”班。饿了就吃口工人带来的干粮，困了就裹上老羊皮袄躺在钻杆上睡一会儿。

就这样，他们闯过一关又一关，到4月19日上午胜利完钻，只用5天4个小时就打完了第一口井——萨55井，实现了“3天上千，5天完钻”的目标，创造了当时最快完钻的纪录，这也是1205钻井队到大庆的第一个新纪录。这口井于1960年5月26日正式投产，至今已经为国家生产原油15万多吨，被人们亲切地称作“铁人一口井”。

↑ 王进喜到大庆打的第一口油井——萨55井旧址

↑ 王进喜（前一）抄起撬杠干了起来，一场人与钢铁的搏击开始了。他们用撬杠撬动了7.5吨重的大泥浆泵

↑ 王进喜（前一）铁肩扛起千斤重

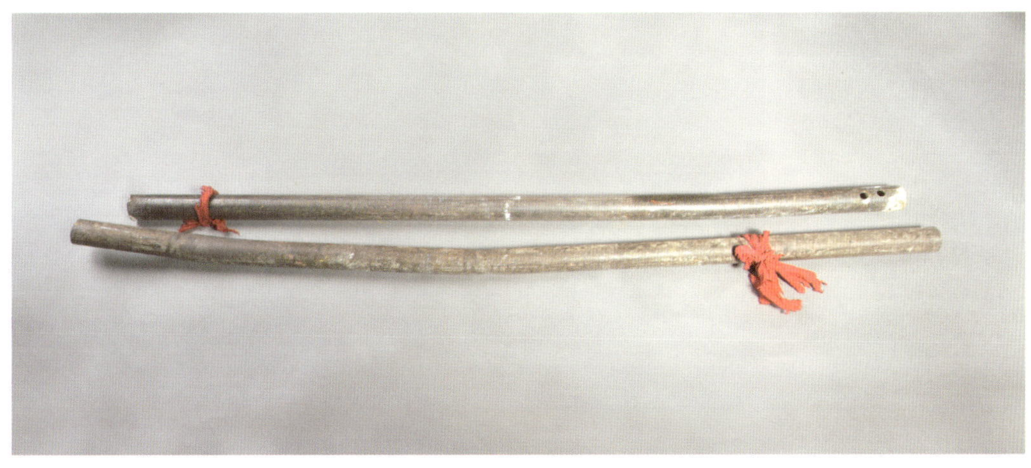

↑ 搬运钻机用的撬杠
（国家二级文物 大庆铁人王进喜纪念馆收藏）

↑ 王进喜（双手举起者）喊着激昂的号子，5 吨多重的绞车被拉上 2 米多高的钻台

↑ 王进喜（前排右二）带头喊起劳动号子：“大家齐用力呀！底座往上爬啊！”

↑ 王进喜（前）带头运水

↑ 大庆铁人王进喜纪念馆复原场景《破冰端水保开钻》

破冰端水保开钻

↑ 1960 年 4 月 14 日，1205 钻井队到大庆打的第一口井——萨 55 井举行开钻典礼。王进喜（站立者左一）决心创造钻井新纪录，早日拿下大油田

↑ 王进喜手扶刹把打下第一根钻杆

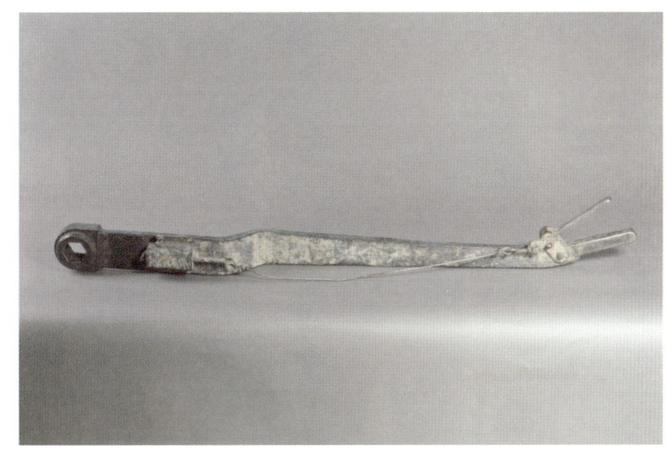

→ 王进喜打第一口油井用的刹把
（国家一级文物 大庆铁人王进喜纪念馆收藏）

↑ 王进喜打第一口油井用的“三刮刀”钻头
（国家一级文物 大庆铁人王进喜纪念馆收藏）

← 王进喜（左）和司钻研究钻进情况

↑ 王进喜在检查钻杆

大会战的第一个英雄

许多年后，谁会想到，房东赵大娘喊出的一句话："你们的队长可真是个铁人呢！"让"铁人"这个名字响彻祖国大江南北。

铁人，是党和人民赋予王进喜的最高荣誉，是对他为了祖国石油事业，舍生忘死、拼命大干的最好奖赏。

1205 钻井队的职工在马家窑，临时住到当地老乡家里，队长王进喜还有其他几个人，被安排在房东赵大娘家。赵大娘看王进喜晚上很少回来睡觉，又在井场上看到王进喜和钻工们的英雄行为，随口说了句："你们的队长可真是个铁人呢！"被逐级汇报到第三探区勘探指挥部指挥宋振明处。宋振明把赵大娘叫"铁人"的事迹向余秋里汇报以后，余秋里激动地说："和平建

↑ 大庆铁人王进喜纪念馆半景画《大庆石油会战》

设可能不用拼刺刀，但不能没有拼刺刀的精神。我看，可以下决心，大会战的第一个英雄就树他，名号就借用房东赵大娘形象而生动的语言，叫他‘王铁人’。”

大庆油田会战需要高喊“跟我上，冲啊！”的带头人。

这个人就是铁人王进喜。

铁人代表了大会战的方向。

铁人就是我们的旗帜。

1960 年 4 月 11 日，油田第一次技术座谈会上，余秋里提出了大庆油田会战的目标，突然，他大声地问：“王进喜来了没有？”

王进喜正蹲在凳子上聚精会神地听，听到余秋里喊自己，一下子有点不知所措，立马站起来说：“来啦！”

余秋里说：“来来来，到中间来，叫大家看看！”

余秋里介绍了王进喜的事迹，他举起手臂带头高呼：“向王铁人学习！向王铁人致敬！”全场都站起来跟着高呼！

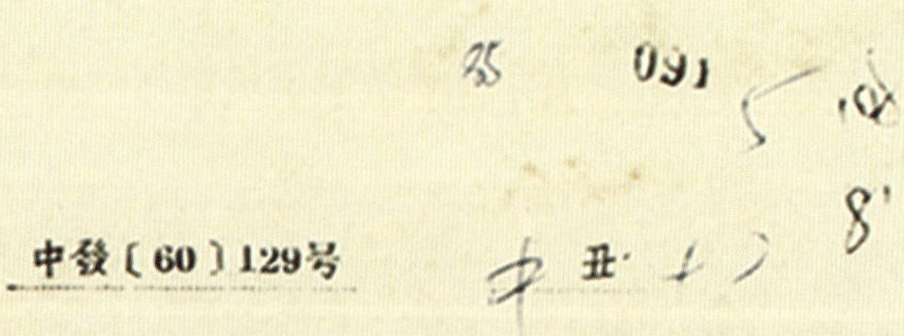

中發〔60〕129号

中国共产党中央委員会（批示）

中央批轉石油工业部党組关于东北松辽地区石油勘探情况和今后工作部署問題的报告

上海局、黑龙江、吉林、辽宁、甘肃、青海、四川省委、新疆维吾尔自治区党委：国家計委、經委、建委党組，地質、冶金、一机、农机、铁道、交通、建工、劳动、外貿、水电、邮电、石油部党組：

中央同意石油部党組关于东北松辽地区石油勘探情况和今后工作部署問題的报告。現發給你們，望予支持和协助。石油部为了加快松辽地区石油的勘探和开發工作，准备抽調各方面的部分力量，进行一次“大会战”。这一办法是好的，請各地在不太妨碍本地的勘探任务的条件下，予以支援。我国的石油工业特别是石油地質勘

中央办公厅机要室 1960 . 2 .21

↑ 1960年2月20日，《中央批转石油工业部党组关于东北松辽地区石油勘探情况和今后工作部署问题的报告》

↑ 大会战的第一个英雄 李晨 / 绘

↑ 大庆石油会战第三探区勘探指挥部指挥宋振明（左一）到1205钻井队蹲点时，得知当地老乡叫王进喜（左二）为“铁人”，高兴地说：“大娘叫得好，王进喜当之无愧，我们要马上向上级汇报。”

“老会战”李玉生、许万明回忆“铁人”称号来历

↑ 赵大娘赞叹王进喜真是个“铁人”

李晨 / 绘

↑ 王进喜（左一）和赵大娘（右一）一家在一起

奋不顾身压井喷

1960 年 4 月 29 日，大庆石油会战指挥部在离萨尔图火车站约一华里的一处空地上，召开万人誓师大会，发布动员令，宣布大庆石油会战从 5 月 1 日正式开始。后来，人们把这里称作“万人广场”。当时，铁人王进喜披双红，戴大花，骑在一匹枣红色的高头大马上，从松枝搭成的“英雄门”进入会场。刹那间“向铁人王进喜同志学习”“向铁人王进喜同志致敬”“人人学铁人”“人人做铁人”的口号声响彻云霄，高昂的锣鼓唢呐声震天动地。

会议的最后一项是先进单位的代表讲话和比武打擂，首先由铁人王进喜发言。他走到台前对着麦克风，向坐在场上的万名工人，大声地说：“盼了多少年了，大油田终于找到了。我们 1205 钻井队一定要创造条件上，快安装，早开钻。”他摘下顶上已经发黑、满是皱褶的前进帽举过头顶，高声说：“为了早日甩掉贫油落后帽子，宁肯少活 20 年，拼命也要拿下大油田！”

这就是王进喜面对万人发下的誓言，再次激起了万人欢呼。

接下来，王进喜带领 1205 钻井队正式参加大庆石油会战。打的第二口井是 2589 井，打到 700 多米时，由于地下压力过大，突然发生了井喷。井越喷越猛，水柱越蹿越高，吼声震耳欲聋。眼看更大的事故就要发生，怎么办？千钧一发之际，王进喜忘了第一口井搬家时被钻杆砸过的腿伤，不顾泥浆烧人，扔掉拐杖，“扑通”一声跳进两米深的泥浆池中，手划脚蹬用身体来搅拌泥浆。

司钻戴祝文等 6 名工人也随即跳了下去。经过 3 个多小时的紧张搏斗，井喷被制服了。这口井 4 天完钻，后来改井号为中区七排 11 井，也是大庆油田的第一口注水井，现位于大庆儿童公园附近。

1960 年 7 月 1 日，石油部机关党委做出了《关于开展学习“王、马、段、薛、朱”运动的决定》，把学铁人、学“五面红旗”推向了一个新阶段。可谓是“一面红旗红一点，五面红旗红一线，百面红旗红一片，红遍整个大油田！”

大庆石油会战也取得了骄人的战绩。1960 年，从 5 月 1 日会战打响到年底，仅仅 9 个月的时间就打井 254 口，总进尺 29.3 万米，获得可采储量 22.6 亿吨，开辟了一个 60 平方公里的生产试验区，当年为国家生产原油 97.1 万吨，收回投资 29%。1960 年，全国生产原油 521.3 万吨，刚刚起步的大庆油田就占到了 18.6%，这预示着大庆油田的发展势头，将在改变我国石油工业落后面貌中有着举足轻重的地位。

铁人王进喜带领的 1205 钻井队，在极其困难的条件下，9 个月交井 19 口，总进尺 21258 米，一个队完成的井数和进尺占到全油田总量的 7.5% 以上，创造了当时月进尺 5466 米、日进尺 738.24 米、班进尺 432.98 米的最高纪录。

大会战出大英雄，铁人王进喜是第一个。房东赵大娘永远也不会想到，她随口喊出的“铁人”，将在历史上留下浓墨重彩的一笔。这一喊，惊天动地；这一喊，成为历史的永恒。

万人大会上，1205 钻井队受表彰。队长王进喜（左）、指导员孙永臣（右）骑马戴花在“王”字帅旗下进入会场。为英雄牵马引镫的左为孙希廉，右为田亮德

↑ 王进喜勇跳泥浆池制服井喷

↑ 1960 年 4 月 29 日，大庆石油会战指挥部召开万人誓师大会，号召全体会战职工向铁人王进喜学习

永恒的瞬间

奋不顾身压井喷

李晨 / 绘

↑ 1960年4月29日凌晨，王进喜被滚堆的钻杆砸伤。但他以钢铁般的意志，忍着剧痛，带伤参加当日的万人誓师大会。并在大会上发出了“宁肯少活20年，拼命也要拿下大油田”的铮铮誓言

↑ 王进喜在第三探区“学铁人、做铁人”活动现场会上作报告

第五篇

没有这一页，队史就是假的

井就是他的命

1961年1月中旬，钻井指挥部决定成立两个生产井大队，把打生产井的20多个钻井队分开由大队管理。同年2月，王进喜担任钻井二大队大队长兼总支书记，到这个刚成立的单位再创新业。

在二大队召开的建队以来第一次机关和基层干部大会上，王进喜强调了两个问题：一是要“有也上，无也上，创造条件也要上”，一切都要自己动手，不准向上级伸手要；二是人手少，事情多，要以生产为中心。王进喜说：“目前不管你来干啥的，一律先下井队跑情况。至于我个人，没个领导水平，脾气又挺大，希望大家多提意见多批评。”

对于王进喜来说，井是他的命，油是他的魂。当了钻井大队长，他本色不变，改住井为“跑井”，照样是“全天滚”，24小时管生产。老战友们都说：“老铁当队长蹲井，围着一个钻台转，当了大队长跑井，围着十几个钻台转。井就是他的命啊！”

钻井二大队分管12个钻井队，王进喜从上任第一天起就到每一个队了解情况。大队一无汽车，二没电话，他就身披老羊皮袄，肩背小挎包，怀揣笔记本，带着炒面袋一个井队一个井队地跑。为了加快速度，只要天气好路上积雪少，他就骑上自己心爱的摩托车跑，有时还带上技术员一起跑。

王进喜跑井，不是走马观花，也不是做样子给别人看，全是为了解决实际问题。每到一个队，他先下食堂，再到井场，在共同劳动中同干部工人谈心，实实在在地了解情况。发现矛盾，解决问题。

1205钻井队供水跟不上，王进喜来到井场，对干部工人说：“咱们要自己动手解决问题。”说完就和工人们一起动手接管线。人力不足，他派人到附近的 1249 钻井队调人来，两个队一起干。管线接好水通了，王进喜说："你看还是自己动手好，半天时间你们两个队问题都解决了。"

1281 钻井队是从四川来参加大庆石油会战的，原属二探区，从杏树岗搬到中区没有房子，就住在人家扔掉的一个砖窑里。一下大雪，融化的雪水从屋顶漏下来，满屋流黑水。王进喜看了以后，立即和材料库联系并派人拿来油毡纸、木条，大家动手搞"装修"，把窑顶和墙壁加了保护层。

1207 钻井队的大钩放不下来，王进喜赶来二话没说，爬上井架就去查找原因排除故障。大钩下来了，王进喜回到井场累得气喘吁吁，一个工人端来一杯水对他说："大队长你是领导了，以后这样的活你出主意叫我们干就行了，这么爬上爬下的太危险了！"王进喜说："我当了大队长还是个工人。工人在哪里我就到哪里，永远和你们劳动在一起。"

……

在王进喜的带领下，钻井二大队的全机关工作人员跑过一轮以后，对基层情况有了基本了解。王进喜又召集机关干部研究讨论，组织人员深入各钻井队蹲点，有针对性地传播先进队的经验，他自己则到一些问题较大的队去重点解决一些带有普遍性的问题。王进喜这种深入扎实的工作作风，教育了干部工人，推动了全大队工作的深入开展。

← 20 世纪 50 年代后期，王进喜在玉门油矿时自费公助买了这辆摩托车。1960 年 3 月，王进喜从玉门赴大庆参加石油会战，把摩托车带到了大庆。王进喜就用这辆摩托车巡井、去指挥部开会或者上井送小型钻具、零件等材料

↑ 大庆铁人王进喜纪念馆蜡像场景《跑井》

↑ 当了大队长的王进喜（前）常年坚持“跑井”，深入基层，调查研究，为井队解决生产、生活、技术等实际问题

难忘的“四·一九”

大庆石油会战开始后，因勘探开发任务繁重，生产管理没有摆到主要议事日程上来。到了 1961 年，油田生产管理相对薄弱的问题便显示出来。1—3 月，全油田钻的井有些存在着误射孔、井斜超标、固井质量等问题。有一个钻井队，打了[illegible]口井斜度超过规定标准的井。井打完后，一测井斜 5.6 度。5.6 度，这在 1960 年完全是一口合格井，1961 年也可以使用，但它不符合井斜不超过 5 度（后来改为 3 度）的规定。一些工人还没树立起这种严格的质量意识，满不在乎地说：“差这么一点点有啥了不起，睁只眼、闭只眼不就过去了！”

听到消息后，作为大庆石油会战总指挥的康世恩大发雷霆，他说：“质量是油田的生命，谁不讲质量，我就和他拼命。”他横下一条心，非把忽视质量的倾向整顿过来不可。

从 4 月 14 日开始，康世恩抓住钻井的质量问题不放，大会讲，小会批，他要求钻井指挥部领导在 4 月 15 日召开职工大会，向职工做检查。

4 月 19 日上午，康世恩又在群英村的油建礼堂召开了一千多人参加的大会，再次对钻井质量提出严肃批评。采油指挥部的同志从生产角度揭露钻井中的种种问题，康世恩越听情绪越激动，便指名叫钻井指挥部的党委书记李云、指挥李敬、副指挥兼总工程师王炳诚站到主席台前面来，给大家亮相。康世恩指着他们说：“质量问题不完全是个技术问题，主要是人的责任心问题，尤其是领导干部的责任心问题。对质量不负责，就是党性不强的表现。”康世恩还向李敬、王炳诚提出一个又一个的问题：“井为什么打不直？”“知不知道打井的措施？”“固井质量为什么下降？”“射孔为什么不准？”问题答不上来，李敬、王炳诚十分难受。

正在康世恩批评钻井领导干部的时候，刚刚上任钻井二大队大队长的王进喜来到会场。他刚到门口，一个钻工就对他说：“赶紧趴下。”

“趴下干什么？”王进喜说。

“领导正批评我们呢！”那个工人说。

王进喜一听，生气了。他说：“披红戴花的时候，你们推着我往头里走，这回挨批评了，就叫我悄悄趴下当‘狗熊’，我不当这个‘狗熊’！”说着，他挺起腰杆，“噌噌噌”地走上礼堂的讲台，靠在李云、李敬的身边，陪着他们挨批。

↑ 王进喜不顾阻拦走上礼堂讲台

康世恩见王进喜进来了，又当面批评了他们钻井队粗心，并告诫他们：“干工作不能光有张飞的猛劲，再说张飞还粗中有细呢，该细的时候就得细。”

这次大会，领导干部在台上站着，检讨得满头冒汗，职工在下面难过得低头流泪。一位叫文盛的职工，写了一首打油诗：“难忘‘四·一九’，钻井出了丑。问题答不上，想走不敢走。”

大庆石油会战初期，还发生了这样一件事：1205 钻井队光“惦记着抢小红旗，忽视了大红旗，只抓钻头，不抓人头”，结果打斜了一口井。

大队长王进喜诚恳地向上级检讨，并申请报废了这口井。填井时，他带

↑ 王进喜与工人们一起填掉不合格的井

着干部、工人背着水泥，迈着沉重的步子走在前边，工人们眼含热泪跟在后头，大家决心要把队伍里存在的低标准、老毛病、坏作风，同这口质量低劣的井一起填掉。有位同志难过地对王进喜说："填了这口井，就给标杆队的队史写下了耻辱的一页。"王进喜说："没有这一页，队史就是假的。这一页不仅要记在队史上，还要记在我们每个人的心里。要让后人都知道，我们填掉的不仅是一口井，还填掉了低水平、老毛病和坏作风。"

在大庆油田的开发建设历史上，1961 年 4 月 19 日这一天，占有十分重要的地位，也可以说是大庆油田狠抓生产质量的开端。从此，每年的 4 月 19 日就成为大庆油田的一个重要纪念日。这一天，各单位都要研究讨论解决质量问题。

当事人李敬、张学贵回忆
"四·一九"质量大会经历

发明“填满式钻具结构”

在大庆铁人王进喜纪念馆第三展厅，有一套王进喜 20 世纪 60 年代研究钻具结构用的工具箱，内有圆规、角尺、千分尺、直尺等，是他和技术人员一起为改革钻井工艺、提高钻井质量，在研究钻具结构过程中用过的，见证了以他为代表的油田技术人员刻苦钻研技术的创新精神，反映了大庆油田的开发建设历程，是特别重要的代表性文物。

大庆油田“四·一九”质量大会后，王进喜一直在想，必须尽快拿出一套打直井的技术措施。他和大队生产技术室的工程师、技术员多次深入井队，了解各队的生产情况，总结 1205 钻井队、1281 钻井队、1275 钻井队等先进队的经验，反复归纳，综合出十几条防斜打直的措施。但这毕竟不是治本的办法，怎么办呢？王进喜经过反复考虑，认真琢磨，产生了一个超常规的想法，那就是通过改变钻具结构，找到一个更好的防斜打直办法。

这天夜里，王进喜坐在办公室里认真地考虑防斜打直办法。按照以往习惯，打井一般情况下是“大钻头、小钻具”，结果必然是打出的井眼大，钻具细，转盘一转起来，长长的钻具在井筒里来回“晃荡”，非常容易斜。因此，他想改用“小钻头、大钻具”的结构方法，加粗钻铤直径，多用接头，使钻具在井下起一个扶正稳定的作用，保证钻头平稳、笔直地往下钻。

王进喜越想越觉得有道理，越想思维能力越活跃。干脆也不睡觉了，他在桌子上铺开一张纸，画了一张钻具结构草图。这时候，一位技术员拿了本外文书找他，说书上介绍有一种防斜工具。王进喜问这种工具大庆能造吗，技术员说恐怕连中国也造不了。王进喜说：“那你不是白说了吗！外国的东西用不上，还是自力更生吧！来，我想了个办法，你看行不行？”

技术员听了王进喜的想法很高兴，他觉得从来没有人这么胆大过，被王进喜的痴迷和聪明才智感动，表示愿意和其一起搞试验。王进喜也很高兴，拿过炒面袋儿，用白开水冲了两缸子面，两人边吃边谈，又补充了不少想法和意见。

王进喜很谦虚地对技术员说："你是大学生，肚子里有墨水。你再好好考虑一下，重新想想，好好画一画！"

技术员说："放心，我会认真查资料，反复计算的。"

钻井指挥部得知王进喜有了新想法，就派工程师帮他修改完善，最后形成一个完整的方案，同意在几个钻井队搞试验，起个名字叫"填满式钻具结构"，后来被工人们叫作"小填满"或"大填满"。

王进喜选择1205钻井队、1281钻井队和1262钻井队做"填满式钻具结构"试验，经过一段时间反复改进，"填满式钻具结构"试验取得了成功，得到大家的好评。各钻井队比翼齐飞，打得又好又快又稳，二大队在生产上取得突出成绩。1205钻井队有一口井最大井斜才0.6度。可以说，用这种新技术打出了笔直井。

科学技术是第一生产力。王进喜虽然一直没有说出来过，但他很早就意识到了，足见其对技术的重视程度。他通过生产实践，结合学到的专业技术，总结出防斜打直的办法，是敢于突破常规、大胆革新的表现，真正无愧于钻井工程师的光荣称号。

经反复试验，王进喜（左一）研制出控制井斜的"填满式钻具结构"，提高了钻井质量

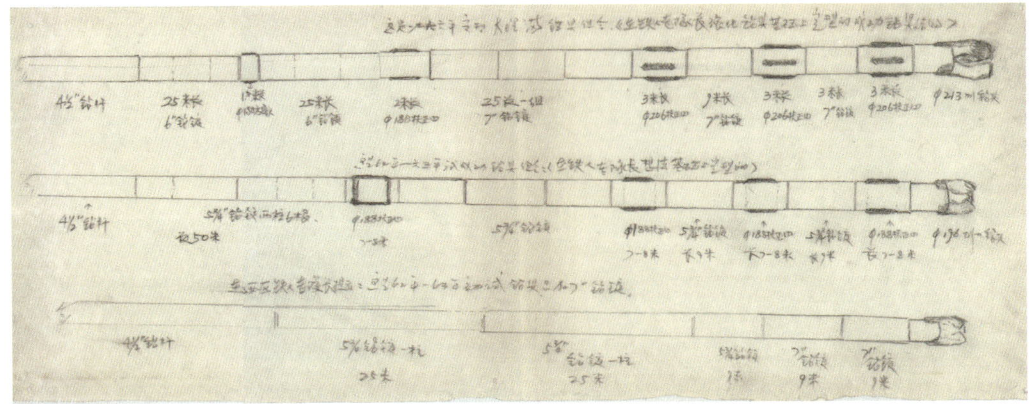

↑ 填满式钻具结构图

李虞庚谈铁人王进喜创新情况

← 为打好高压易喷井，王进喜（前排左二）带领工人研究改进泥浆泵

→ 钻头的强度、硬度直接关系到钻井的速度和质量，王进喜（左三）在井场和技术人员分析钻头使用情况，革新改造钻头，并且用西瓜皮、萝卜等制作钻头模型，工人们都称他“钻头迷”

第六篇

干，
才是马列主义

“识字搬山”学文化

王进喜小时候家穷，没上过学。新中国成立后，他成为新中国第一代钻井工人，参加了工会组织的扫盲班，学会了一些字，可还差得太远。工作中那些文字数码，会上说的那些名词术语，人际交往中的各种新事物，桩桩件件都成为他前进的障碍。王进喜从小迷秦腔，可在欢迎秦腔剧团的大会上致欢迎词，硬是把“秦腔”念成了“秦月空”，出了洋相，看来不学文化是不成了。

随着身上的担子越来越重，王进喜越发感到文化低实在是困难，学文化就是受苦。学会认几个字，浑身关节疼。但王进喜从来不怕苦，他说：“我认识一个字，就像搬掉一座山，我要翻山越岭去见毛主席。”

为了学认字，王进喜开会硬着头皮记笔记。有一次，领导在会上讲李居仁的事迹，他在下边记，李居仁的“居”不会写，就画个小锯子。翻开王进喜早期的笔记本，上面画满了各种符号，像仓颉造字一样。这些字，他一看就明白，大大方便了工作。

1961 年 2 月，当了大队长以后，王进喜身边的文化人多了起来。他就谦虚学习，拜人家为师。当时，团总支干事卢泽洲，行政秘书廖兴礼，生产股技术员明清碧、刘显义……都曾当过他的文化教员，也就是他的“老师”。

为了提高写作水平，王进喜除了记笔记，还利用一切机会练习写字。有一次，他利用几个晚上的时间，给在外地工作的老领导写信，写完了找“老师”改，改了再抄，一连抄了十几遍，累得浑身痛，也硬坚持抄。别人要替他抄，他不肯。他说：“我不光是写封信，还为了练字，为了提高写作能力。”别人也就不好再说什么了。

王进喜觉得以前有许多思想认识上的误区，通过学习毛主席著作，看得更加清晰了。为了学好毛主席著作，他克服了常人难以想象的困难，常常把身边的“老师”折腾得够呛。每次学习，他念毛主席著作的原文，让“老师”听。有不认识或不熟悉的字，他就记在本上，边查字典边认。对毛主席著作中的一些观点，也是边学边议。一个人讲不清，再和第二个、第三个人讨论。就这样，既攻克了一道道文化关，又攀上了层层理论山。

性子急，脾气暴，工作方法简单，这是王进喜的毛病。入党时，他下了脱胎换骨的决心也没全部改好。王进喜学了《党委会的工作方法》《关心群众生活，注意工作方法》，认真地做了番思考，并在实践中一点一点改掉自己的毛病，有了巨大的变化。王进喜逐步地学会了讲方式、做耐心细致的思想工作，学会了克服忙乱现象，真是大有进步。

王进喜读《在延安文艺座谈会上的讲话》时，里头有鲁迅两句诗：“横眉冷对千夫指，俯首甘为孺子牛。”他对大家说：“我也要当一头‘孺子牛’，不

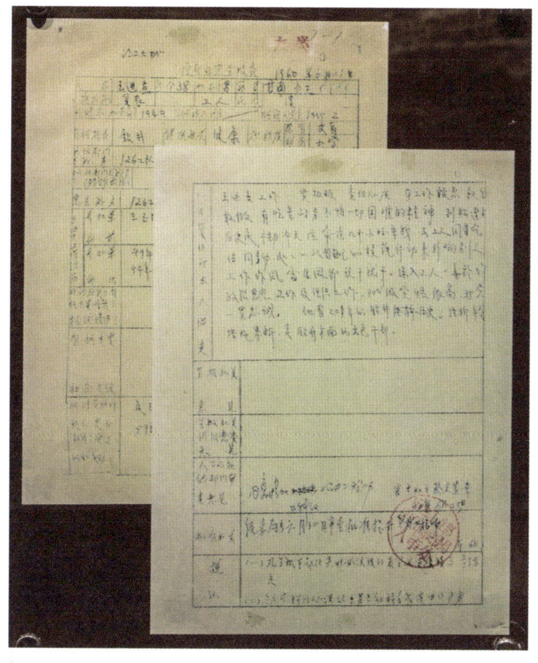

↑ 1960 年 6 月 30 日，石油部松辽石油勘探局人事处批准提升王进喜为钻井工程师的呈报表

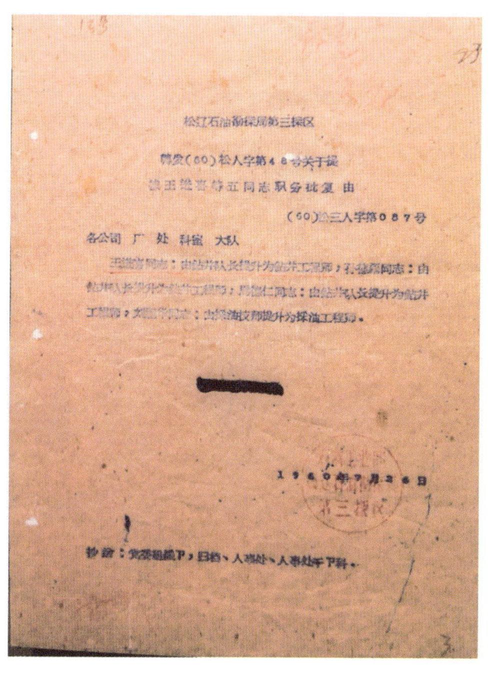

松辽石油勘探局第三探区

(60)松三人字第087号

各公司 厂 处 科室 大队

1960年7月26日

↑ 1960 年 7 月 26 日，松辽石油勘探局关于提升王进喜等五名同志任工程师的批复

过不是给自己儿子当，而是按毛主席教导的，给无产阶级和人民大众当。”

经过几年的努力，靠着巨大的热情、顽强的毅力和刻苦的学习，王进喜克服种种困难，翻过理论山，使自己的人生观、价值观和世界观上升到一个新的高度。几年里，他读完了《毛泽东选集》一至四卷的大部分文章，还写了一些心得体会。其中，《矛盾论》《实践论》《关于正确处理人民内部矛盾问题》《纪念白求恩》等文章，他学习过多遍。

↑ 王进喜积极响应会战领导小组的号召，带头学习《实践论》《矛盾论》

↑ 王进喜如饥似渴地学习科学文化知识，用科学的理论指导工作

↑ 王进喜（左）拜机关干部为师学习文化，钻研钻井技术

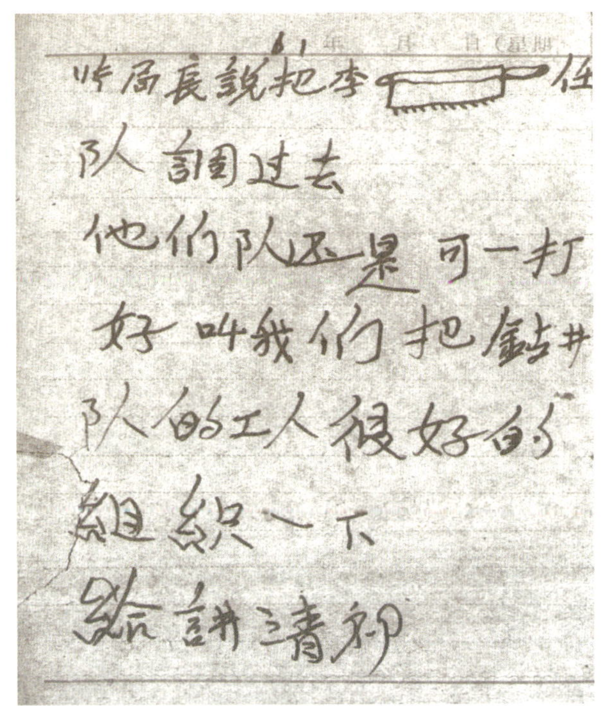
听局長說把李　　任
队調过去
他們队还是可一打
好 叫我們把鉆井
队的工人很好的
組織一下
給講清初

← 王进喜手迹（译：张局长说把李居仁队调过去，他们队还是可以打好的，叫我们把钻井队的工人很好的组织一下，给讲清楚）

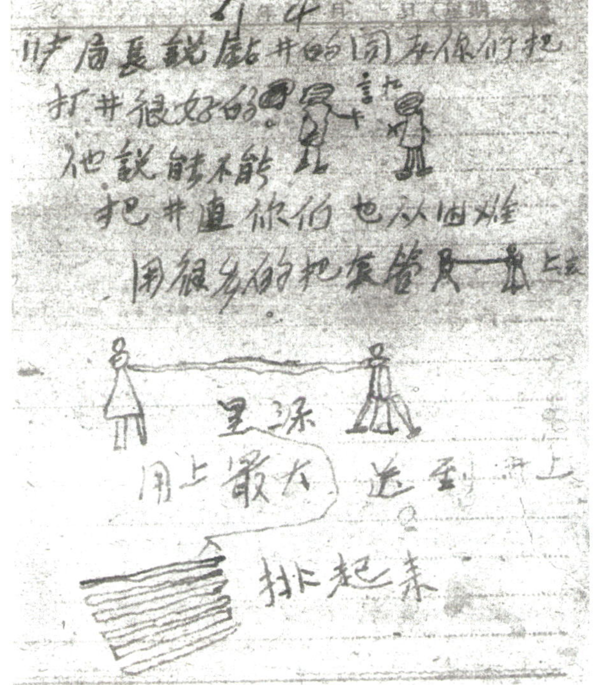
听局長說鉆井的同志你們把
打井很好的
他說能不能
把井直你們也不困难
用很多的把套管　上去
用上最大　送至　井上
排起来

← 王进喜手迹［译：张局长说钻井的同志，你们把井打得很好。他说把井打直也不困难，你们能不能研究研究（两个小人，上面写了两个字“言”“九”代表研究）。用很多的人把套管抬上去，送到井上，整整齐齐排起来］

一个大学生的思想转变

王进喜一直强调要学以致用，把毛主席著作与生产实践结合起来，那才叫真学真用，有真本领。

1963 年 8 月，钻井二大队新分来一批大中专毕业生，王进喜组织大家开座谈会，安排他们下井队的工作和生活，希望他们早出成绩、早日成才。

他们当中有一位大学生，到井队后表现不佳。这位大学生有“四个不干”：天冷不干，黑夜不干，肚子饿了不干，感觉累了也不干。班里安排他给套管编号，写了十几个号码，就说手脖子发酸，干脆回屋里“办公”去了。王进喜找他谈心。他说：“我大学毕业不想当钻工，还想念书当博士，住鸳鸯楼。”

王进喜说：“胡说八道，哪个国家有鸳鸯楼？”

王进喜细细地给他讲道理：“我们国家穷，主要矛盾就是集中精力开发好大油田，把石油落后帽子甩掉，需要你们青年人艰苦奋斗，咱们这个时候，可不能光图享受不实干呀。”

大学生问：“我想当博士总没错吧？”

王进喜说：“那肯定没错。但我想，当博士总得去学去干吧！你躲在房子里想，这个博士帽就落到你头上啦？光想不干，半点马列主义也没有！”

大学生问：“你说什么是马列主义，怎样衡量马列主义？”

王进喜说：“一是认真学习马列主义理论；二是学了就结合实际用，培养出为国出力、为民族争气的干劲。就像我们钻工，把大钳打得叮当响，抢时间为国家多打井，多出油，这种实干精神就是马列主义。”

接下来，大队组织这些大中专毕业生学习大庆石油会战的历史，特别讲了油田科研人员的先进事迹，包括谭学陵测 K 值，宁玉川、张英设计集输流程，蔡升“万里测温”，王洪鉴靠“铁算盘”计算成千上万的数据……听着这些生动的故事，大中专毕业生们心情激动，纷纷结合自己在井队参加劳动的实际谈体会，表示要为开发油田作贡献。

当时，王进喜也参加了会议，和大家一起讨论。

那位想当博士的大学生问王进喜：“那天你说像钻工那样光着膀子干，就有马列主义，这说法不全面吧？”

王进喜说：“我认为能把想的、说的和干的结合起来，理论和实际结合起来，就叫马列主义。你看我们的司钻，不仅要懂钻机性能，还要会操作。”说着，王进喜站在场地中央一边表演起钻过程，一边说：“右手往上抬刹把，左手拉离合器，一个脚踩脚踏板，钻机就呼呼地转起来了，钻具就起出来了。我总认为本上写的，脑瓜里想的，嘴上说的，手上干的结合起来，才叫马列主义。”

大中专毕业生们看着王进喜刚劲有力的动作，听着他铿锵作响的话语，感受到了一种美。他们感到，王进喜把思想和行为、理论与实践完美地融为一体，这本身就是一种哲学，令人折服。

集中学习结束后，大中专毕业生们回到井队，都干得很出色。那位大学生也在党组织和工人师傅们的帮助下，真干起来。王进喜也经常去了解他的工作，关心他的生活。过了一段时间，这位大学生对王进喜说，想写个总结。王进喜很高兴，对他说：“要写就写真实思想，真实体会。好好想想，哪一点儿真正做到理论和实际结合了，哪一点儿结合好了，再写。千万不要说空话，光会举拳头。”

大庆战报　　1971年5月5日　　·3·

我们革命青年在欢度自己的节日的时候，十分想念“铁人”。“铁人”虽然逝世快半年了，但他仍然活在我们的心坎里。

无产阶级文化大革命前后，我曾几次到“铁人”身边工作，难得地接受了他的再教育。今天，回忆起与这位老英雄相处的每一个片断，都感到十分亲切，又一次受到了深刻的教育。

“铁人”对工作极端的负责任，时时保持和发扬党的优良作风，处处按毛主席哲学思想办事。他有个老习惯，叫做“跑井”。无论当大队长，还是当副主任，“铁人”都按照毛主席**“理論和实践相結合”“没有調查就没有发言权”**的教导，怀揣红宝书，身披老羊皮，肩背小挎包，下基层，跑井队，扎根在群众之中，工作一忙，有时十几天不回办公室一趟。医生给他配了治关节炎的药酒，规定一天喝三次，他一个月也喝不上两次。我看他这样泥里水里、没日没夜地和工人一起干，一天比一天瘦，就说：“老队长，你那么大年纪了，有些问题可以在办公室解决，就不要‘跑井’了。”他说：“咱们是人民的勤务员，不是国民党衙门，要下去为群众办事，不要叫工人跑路来找我们。”他还说：“石油埋在地下，经验在群众里头，你不去调查就没有发言权，不向群众学习，就没有领导权。”

↑“铁人”王进喜同志在认真学习毛主席著作。

由于“铁人”坚持“跑井”，深入实际，参加劳动，所以工作中情况明，决心大，办法多，掌握了主动权。一九六三年国家把钻井质量规定最大井斜从五度提高到三度。隐藏在大队领导班子里的一个管生产的坏家伙，先是不在乎，后来又消极起来。“铁人”和他展开了针锋相对的斗争。“铁人”说：“我们不能设想撒豆成兵的事。要和群众一起积极想办法，克服困难，按多快好省的总路线办事！”他深入到群众之中，和工人一起学习《实践论》，一起搞试验，总结打直井的经验。一二八一钻井队是个标杆队，打井质量好，速度快。但开始提出打笔直井，少数干部和工人怕把井打斜了，有些怯手。“铁人”就领我到他们队上去蹲点，和他们一起学习《实践论》中**“你要有知識，你就得参加变革现实的实践”**的教导，鼓舞大家的士气。“铁人”说：“你看，毛主席说的多好，要想知道梨子的滋味，就得亲口尝一尝。咱们要想知道直井怎么打，就得亲手试一试。不钻老虎窝，就逮不着虎娃子，大家要放大胆子干”。“铁人”还和工人一起研究如何配大钻具，怎样加扶正器，怎样划眼等技术措施，并且亲自上钻台扶刹把做高速钻进试验。在“铁人”和广大工人的努力下，终于用不长的时间，就摸索出“大钻具，匀加压，勤划眼”等一整套打直井经验，粉碎了阶级敌人散布的“打不成笔直井”的论调，保证了钻井质量符合国家要求。“铁人”从实践中深深体会到：“要搞好革命，不仅要有个革命的思想，还得有科学的头脑。这样办起事来，才能做到一有理，符合毛泽东思想；二有据，符合客观实际；三有益，符合革命的需要。”

我们广大青年一定要象“铁人”那样，发扬“两论”起家的光荣传统，**“对工作的极端的負責任”，“对技术精益求精”**，学好毛泽东思想，练好为人民服务的本领，为党、为人民多做贡献。

学习的模范

“铁人”对伟大领袖毛主席无限爱，读毛主席的书最认真。我们住在一起，总是他早早起床，叫我和他一起“天天读”。他给我讲体会时，一提到毛主席，总是满怀深情地对我说：“毛主席是我们穷苦人的救命恩人。没有毛主席，我早就没了命；没有毛主席，就没有新中国；没有毛主席，就没有大庆油田。他老人家的书，我们要认真学习，句句照办。”

“铁人”工作忙，事情多，文化低，学习有困难。但他有股挤劲、钻劲、拚命劲，以顽强的毅力坚持学习。有时他坐在凳子上写上几十个字，就感到浑身痛，可是他硬是一坐就是几个小时，聚精会神地写心得体会。一九六九年一月的一天早晨，我们一起学习《矛盾论》中关于“主要矛盾”这一节，他硬是一字一句地读了好几遍。一些基本观点他反复读，反复记，并背给我听，抄在小本子上。我感动地说：“你可真是读书的模范啊！”他说：“学习不是为了当模范。那些戴着红帽子、藏着黑心肝的坏家伙，常常混在革命队伍里装说客，吓唬咱们大老粗。不学习，头脑里没毛泽东思想，就会叫他们唬住，吃大亏。”

一九六三年，“铁人”在钻井二大队党总支组织了一个毛主席著作学习小组，叫我当记录员。暗藏在领导班子里的坏分子怕的要命，就千方百计的破坏。一天，一个坏家伙拿了一本写满了“是一否一是”之类的书，对我说：“咱们一起学学逻辑学吧，不要去参加那个组了。”我把这件事告诉了“铁人”。“铁人”非常气愤，对我说：“你不要信他那鬼八挂！学不学毛主席著作是一场革命，这里有斗争。以后说话办事都要拿准定盘星。凡是不符合毛泽东思想的，就是天王老子也要和他斗！”在“铁人”领导下，那个坏家伙花招没得逞，小组坚持了学习。

革命的黄牛

“铁人”经常讲黄牛的故事。说老黄牛出力大，要求少，脾气好。以毛主席关于**“做无产阶級和人民大众的‘牛’”**的教导作为座右铭的“铁人”，就是一个革命的老黄牛。

“铁人”的家离办公室只有一百多米远，可是他很少回去。有时小儿子到办公室去看他，他搂在怀里亲一下，然后照屁股上一拍，说：“去，爸爸这里有事。”

群众爱戴“铁人”，“铁人”时时想着群众。一天，我们住在前线指挥所，刚要休息，他忽然想起一件什么大事似地说：“钻台上搁了一个小牙轮钻头，我忘了拿下来。要掉下来就有可能伤着工人。走，咱们去看看。”我说：“你休息，我打个电话就行了。”他说：“那我不放心，走！”他迎着风，跑到井上，把小牙轮钻头抱下来，并对值班干部说：“毛主席教导我们，‘**世間一切事物中，人是第一个可宝貴的**’。这个小牙轮钻头掉下来，就可能伤着阶级弟兄。以后不准把用不着的东西往钻台上放！”

“铁人”并非铁打的，他是凭着钢铁般的意志，朝气蓬勃地干革命。一九六九年，他的“老”病更重了，有时痛的整夜整夜睡不着，豆大汗珠直往下流。我劝他到医院看看，他说“工作忙，离不开！”我劝他到解放军医院去检查一下，他说：“任务重，不能走！”我想到卫生所要点好药，他不准许。一次，“铁人”半夜到井上处理工作，清晨才回来。他刚刚睡下，就有一个工人来找他。在门外，我对那工人小声说：“老队长刚睡下。”这时，“铁人”推开门说：“请他进来。”这个工人得了麻疯病，不能工作，很苦闷，来找“铁人”谈心。我听说麻疯病传染性很强，有些担心，总想叫他快走。“铁人”却毫不在意，面对面、膝碰膝地和那个工人谈了一个多小时，还打开衣服看了身上的伤情。最后握着他的手，慈祥地说：“回去好好学习毛主席著作，你一定能战胜疾病，回到工作岗位上来！”回来后，“铁人”披起老羊皮就要走。我说：“老队长，你还是休息一会吧！”他硬是不肯，药也没有吃，随手拿起背包走了出去，开始了新的一天的工作。我望着桌子原封未动的止咳糖浆和药丸，禁不住流出了热泪。看“铁人”，比自己，感到十分惭愧。我暗暗下决心，要好好向“铁人”学习。

“铁人”为党为人民做出了很大的贡献，但他从不以功臣自居，始终谦虚谨慎，不骄不躁。全国各地经常有很多人来信，询问他的情况，请他介绍经验，“铁人”在回信时，从来不谈个人事情。一次，“铁人”给一位朋友回信，除了为“铁人”代笔之外，我还以个人名义写了封信，告诉他“铁人”在文化大革命中立了新功。“铁人”发现了非常生气，严肃地对我说：“写一封信，就是一次宣传，宣传要宣传毛泽东思想。我个人只做了几件该做的事，还没办好，有什么好谈的。亲人解放军好得很，大庆的工人好得很，你要把他们的事迹写上去，写详细。”我再次拿起笔来，心情久久不能平静。正如一位老工人说的那样：“‘铁人’就是这样一个人：满心窝里装着红太阳和革命群众，就是没有他自己！”

× × ×

在向“铁人”学习，接受再教育的过程中，我深深感到，“铁人精神”就是无产阶级的革命精神。一个青年应当树立什么样的理想，走什么样的道路，做个什么样的人，“铁人”用他战斗的一生给我们做出了光辉的榜样。

革命青年战友们！让我们学习“铁人”的榜样，继承“铁人”的遗志，发扬“铁人精神”，踏着“铁人”的脚印前进吧！在毛泽东思想雨露阳光的哺育下，在三大斗争的冶炼中，我们要把自己锻炼成为“铁人”式的一代新人。

↑“铁人”王进喜同志在井场劳动。

↑ 1971年5月5日，《大庆战报》刊登反映王进喜刻苦学习的文章《革命青年的好老师——回忆“铁人”王进喜同志》

→ 王进喜（右二）与科技人员研究钻头革新技术

↑ 王进喜（前排右二）在多年的钻井工作中摸索出一套高超的“钻井绝技”，能够根据井下声音判断钻头磨损情况

亲口尝梨子的滋味

铁人王进喜学习毛主席著作，注重理论和实际相结合，首先是结合生产实际。工人们对高压井不摸底，有些害怕，他说要想知道梨子滋味就得亲口去尝，带领大家占领了高压区的制高点，守住了阵地；井斜度的要求提高了，大家感觉不好办，一位技术人员还拿了本外文书找他，说书上介绍有一种防斜工具。王进喜问这种工具大庆能造吗，技术员说恐怕连中国也造不了。王进喜说："那你不是白说了吗！外国的东西用不上，还是自力更生吧！"经过反复实践，他带领队伍打出了笔直井。

王进喜历来重视效率和实绩。他带领的 1205 钻井队一向以能拿进尺著称，"四·一九"质量大会以后，又以"高速打优质井"出名；他喜欢 1275 钻井队，是因为这个队取芯取得好，收获率总是在 95%~99% 以上。这位爱吃面食的西北汉子，挂在嘴边上的是"别的别说，要把白馍馍蒸出来看！"在他的带领下，整个二大队形成了一种求真务实的好作风，是一支能啃硬任务，开拓进取的队伍。

1963 年底，钻井二大队接受了和钻井一大队共同打大庆第一口冰上井的任务。

在最寒冷的季节到冰上打井，这是一个新课题。在大队和担负任务的井队，有些人存在畏难情绪，说："咱们这些西北旱鸭子要玩水，去打冰上井可危险。"还有一部分人有些轻敌，说："旱鸭子咋啦，不是照样连年夺取胜利。"此刻的王进喜热情依旧，但变得更冷静、老练和细致。

冰上的第一口井选在位于陈家大院泡中间的中 9 排 39 井，这里水深 4 米，冰厚大约 0.97 米，冰上温度为零下 41 摄氏度，工作生活都极其困难。

王进喜第一个把行李和老羊皮袄拿到冰上指挥所，要盯着钻井的全过程，为以后的千百口冰上井摸索经验。想要在 60 平方米大、不到一米厚的冰面上集中 100 多吨重的钻机，困难之大，可想而知。钻井二大队和钻井一大队坚决按上级预定的方案采取相应的措施，打好基桩，铺上钢丝、铁网等保护层，在 300 米外挖一个冰层“喘气”的大洞。

一切准备就绪，要上设备了！

王进喜身穿老羊皮袄，足蹬高腰翻毛皮靴，腰系一段粗棕绳，大狗皮帽上戴个铝盔，手执小红旗指挥车辆往冰上运大件设备。一二十吨的大型重载车一上来，冰面就咔咔响，水下发出轰轰的冰水撞击声，司机有些紧张，王进喜鼓励说：“你们不要怕，听我指挥走安全线路，没问题！”

就这样，他们冒着生命危险，把设备运到井场，一切安装就绪后，准备起井架子。在这关键时刻，王进喜跳上钻台，亲自扶刹把操作。除了走不开的工人，他让其他人全躲开。

机器轰鸣，冰面咔咔作响，高大的井架在王进喜的操纵下，徐徐升起，迎着太阳矗立在银装素裹的冰雪世界里。人们为这壮举欢呼，庆祝第一个胜利！

开钻以后，一切正常，只用 7 个昼夜，就钻完了这一口冰上井。

直到现在，王进喜的“干，才是马列主义”依然闪耀着夺目的光辉，这是他活学活用马克思列宁主义的必然结果。进一步证明了，当时他就对“实践第一”的观点有了比较深刻的认识和理解。

为提高钻进速度，王进喜把学到的知识用于生产实践中，大胆进行技术创新。图为王进喜（右一）和工人改革游动滑车

↑ 1963 年 12 月，钻井二大队与钻井一大队共同打会战以来的第一口冰上井——陈家大院泡中 9 排 39 井。为探索开发经验，王进喜（左一）周密计划，精心组织，亲自指挥，在水深 4 米，冰厚约 0.97 米的冰面上摆上 100 多吨重的钻井设备，仅用 7 个昼夜就成功完钻

→ 1963 年 12 月，王进喜带领 1205 钻井队打第一口冰上井。图为王进喜在钻台上

↑ 王进喜（右一）当了中央委员，还坚持劳动，他说："我永远是个钻工。"

第七篇

我要一辈子艰苦奋斗

最高的荣誉

1963年11月17日至12月3日，二届全国人大四次会议在北京召开。会议宣布："我国需要的石油，过去绝大部分依靠进口，现在已经可以基本自给了。"

1964年2月5日，中共中央下发了《关于传达石油工业部关于大庆石油会战情况的报告的通知》，提出大庆油田的经验虽然有其特殊性，但是具有普遍意义。从此，大庆成绩和大庆经验开始在全国叫响。

1964年4月19日晚，中央人民广播电台播报了新华社记者袁木、范荣康采写的长篇通讯《大庆精神 大庆人》，第一次向世界公开报道了什么是大庆精神，什么是大庆人。让人们了解大庆人吃大苦、耐大劳，为让祖国抛掉贫油落后帽子而忘我拼搏的感人事迹。这篇报道还用很大篇幅描述了王进喜的事迹，让"铁人"这一称呼享誉全国。

1964年，王进喜被选为全国人大代表，于同年底到北京参加三届全国人大一次会议，还代表全国工人在大会上作了汇报发言。

这次发言事先是写了发言稿的，题目是《用革命精神建设好油田》。这篇发言稿以大庆会战为背景，以1205钻井队和钻井二大队工作为主线，汇报了大庆工人阶级迎着困难上，与恶劣的自然条件斗，与各种困难斗，在会战中取得的成绩。

走上那神圣的最高讲台，面对万人讲话，王进喜没有紧张。为了不讲错，开始时他用手在讲稿上比着，一行一行地讲。但没讲几句代表们就鼓掌，他也跟着鼓，等鼓完掌就找不到讲哪一行了。王进喜索性脱稿，照着心中记着的内容讲，讲得又自然又生动又有气魄，讲台下响起了一阵阵热烈的掌声。

最后，王进喜还朗诵起自己写的诗：“石油工人一声吼，地球也要抖三抖。石油工人干劲大，天大的困难也不怕！”整个人民大会堂掌声雷动，欢呼声不断，经久不息。

更令王进喜难忘的是，12 月 26 日毛主席过 71 岁生日，请他和董加耕、邢燕子等四位劳模出席了生日宴会。

王进喜、董加耕、邢燕子等 4 位劳模被安排在主桌，挨着毛主席依次落座。坐定以后，毛主席说：“今天既不是做生日，也不是祝寿，而是实行‘三同’。我用自己的稿费请大家吃顿饭。我的孩子没让来，他们不够资格。这里有工人、农民、解放军，不光吃饭，还要谈谈话嘛！”接着就唠嗑。毛主席一个一个问情况。谈到大庆时，毛主席说，余秋里和石油工人们一起搞出个大庆来，很不错嘛！石油工人干得很凶打得好，要工业学大庆。毛主席还说，铁人是工业带头人，要工业学大庆。毛主席不断地给王进喜等人夹菜，语重心长地嘱咐他们“不要翘尾巴”。

这顿饭王进喜没有喝酒，吃得也不多，很少说话，就是坐在那里看毛主席，听毛主席讲话，牢牢地记住了那句“不要翘尾巴”的嘱咐。

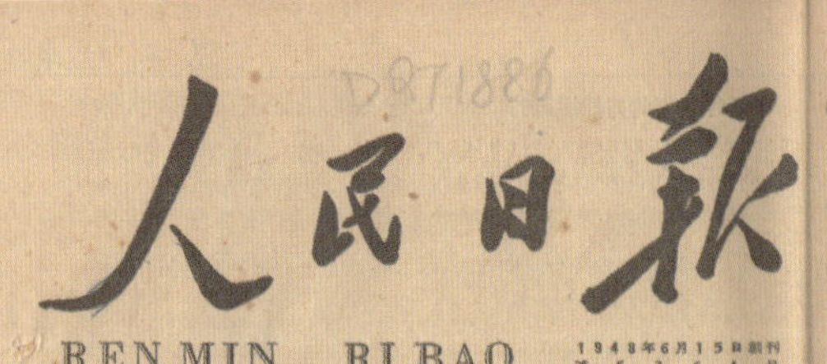

人民日报

RENMIN RIBAO

学习大庆经验，把革命干劲和科学精神结合起来

大庆精神　大庆人

本报记者　袁木　范荣康

延安革命精神发扬光大

为了全国人民的远大理想

崇高的榜样

↑ 1964 年 4 月 20 日，《人民日报》刊发新华社记者袁木、范荣康采写的长篇通讯《大庆精神 大庆人》

DQT2508

42

13

稿 纸

用革命精神建设好油田

——王进喜同志在全国人代大会的发言

（草稿）

今天，我能够当上人民代表，参加这个大会，和来自全国的人民代表一起，在我们伟大领袖毛主席、中央首长的亲切关怀和亲自主持下，共同商讨国家大事。感到十分光荣，心里非常激动。我完全拥护各位首长的报告，并在今后的工作中，坚决贯彻执行。现在，把我参加大庆石油会战的一些情况向首长和代表们汇报一下。

大庆油田的会战，是从一九六○年五月正式开始的。在毛主席思想和总路线的指引下，为了尽快的改变我国石油工业的面貌，高速度、高水平的开发和建设大庆油田。在东北局、黑

(20×15=300)

43

14

稿 纸

龙江省委的领导下，石油工业部党组就以守线，以看毛主席指的集中优势兵力打歼灭战的原则，从全国各个石油厂矿、院校，调来了几万名职工，在大庆油田上组织了石油大会战。我们钻井队是六○年三月由玉门油矿调来大庆的。当我们一听到要来参加大庆石油会战，高兴得不得了！心想，这一次要下决心把石油落后帽子甩到太平洋里去，帝国主义卡我们的脖子，今天我们石油工人硬是要拿下一个大油田给你们瞧瞧！工人们乐得直跳高，几天几夜都没有睡好觉。大伙一心想快点赶到大庆，虽然经过了几个大城市，但一点都没有停。在这个一眼望不到边的草原上，一下子上来几万人，首先碰到的问题就是没有房子住，床铺、被褥用具都很不够。钻机运到这，一到

(20×15=300)

44

15

稿 纸

晚上就是零下十到二十度。运输设备、起重设备都很不够，困难确实很多。但是大伙拧成一股绳，以解放军为榜样，硬是鼓足干劲，苦干、硬干，把困难顶住了。我们一下火车，顾不得问吃问住，就先问钻井的井，井位在那里？找到了井位，就到车站卸钻机。晚上，我们就睡草堆、睡在老乡的房子、牛棚马圈。在草滩上埋锅做饭。钻机一到，没有吊车，七八十吨重的钻机，缺吊车咋办？我们就都是用人拉肩扛的。我想起了五九年在北京开群英会时，农业战线上的代表对我说，他们那里是搞农业机械化，希望我们多出点石油。这次，这一次要拿下一个大油田，天大的困难也吓不倒我们，一定用双手把设备卸下来！在党支部的领导下，我们打开了随身带来的

(20×15=300)

1964年12月3日，《用革命精神建设好油田》的手写稿

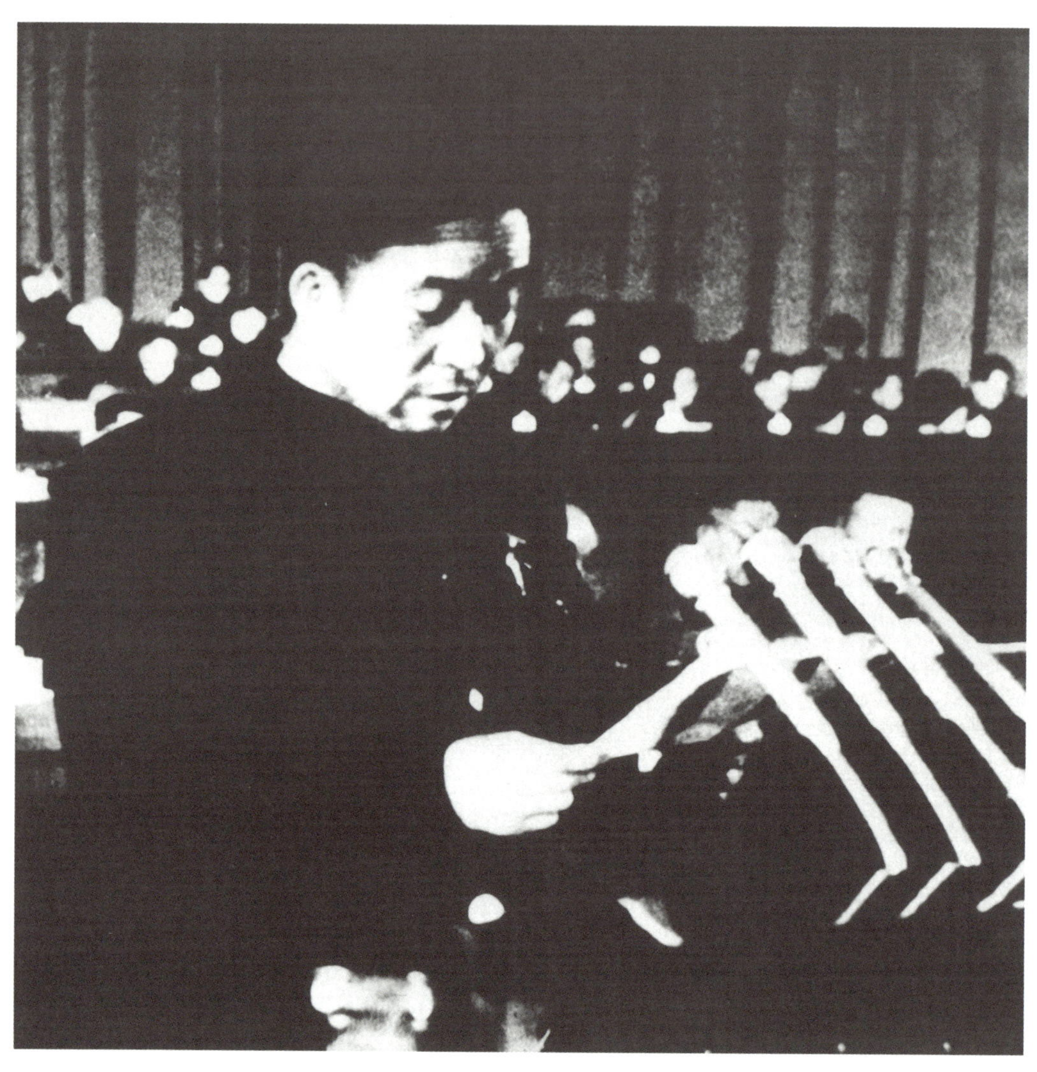

↑ 1964 年 12 月，王进喜当选全国人大代表，并在三届全国人大一次会议上作了题为《用革命精神建设好油田》的报告，介绍大庆石油会战的情况

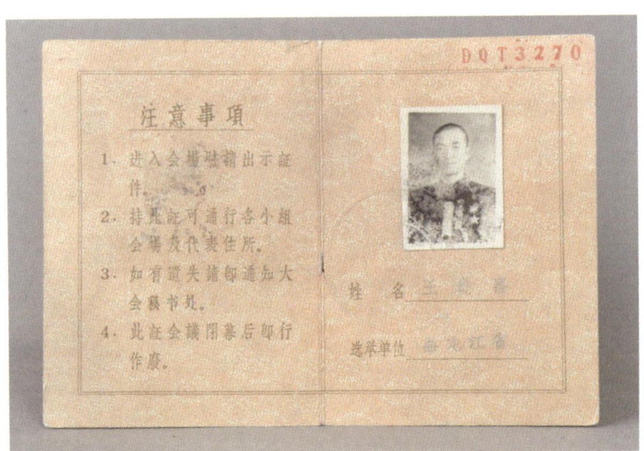

1964年王进喜参加全国人民代表大会的出席证（上）、签到卡片（中）、当选证书（下）
（国家一级文物 大庆铁人王进喜纪念馆收藏）

一个独特的讲稿

1965 年 6 月，大庆工委任命铁人王进喜为大庆油田钻井党委常委、钻井指挥部副指挥。由大队长提升为副指挥，职务的变化给他带来的是更大的压力。他准备吃更多的苦、出更多的力，为发展祖国石油工业做更多的事情。

1965 年 7 月 24 日，石油部在大庆召开政工会，王进喜在会上作了一个长篇发言，题目是《为石油事业艰苦奋斗一辈子》，并提出了“全国每人每年半吨油”的目标。他在发言中讲道：“我看我们国家六亿五千万人口，每人搞上半吨石油，有可能，要得干，光说不行。”

1966 年 1 月 3 日，《工人日报》刊登《工人阶级的光辉形象——王铁人》一文，其中写道：“王铁人是一个有无产阶级胸怀的人，一个充满革命气概、敢为革命事业赴汤蹈火的人。他是成千上万个大庆人的写照，也是我国社会主义革命和社会主义建设时期涌现出来的无数英雄模范的写照。”这里明确地告诉我们，铁人王进喜是中华民族的英雄。

1966 年 2 月，全国工业交通工作会议、全国工业交通政治工作会议在北京召开。会议邀请王进喜作报告，王进喜认为自己讲自己不好，推辞不讲。康世恩对他说：“全国会议布置的任务不能推辞，一定要当作政治任务来完成。报告不是讲个人，而是通过自己的经历和体会来宣传大庆精神。不要光讲成功经验，还要讲缺点和教训。这是一个学习提高过程。”

有关部门帮王进喜弄出一个报告稿，康世恩认为内容不充实，空话多，不适合王进喜讲，要求推倒重来。后来，决定抽调熟悉大庆、熟悉王进喜的《战报》记者组长蔡沛林来弄发言稿。

王进喜把自己关在石油部地兴居小招待所的房间里，认真回忆 6 年来的会战情景，总结体会和得失，琢磨怎样把报告讲好。王进喜觉得，这次作报告应该怎么做的就怎么讲，怎么想的就怎么说。王进喜边讲，蔡沛林边记，王进喜白天讲，晚上讲，坐着讲，站起来讲，越讲越来劲。沙发坐不惯，就要了一把木椅子。席梦思床太软，就把行李搬下来睡到地毯上。就这样，经过三天三夜，他讲出了六七十个故事，还说了很多又土又有意思的新鲜语言。蔡沛林按照“艰苦大干”“刻苦攻关”“关心群众”“保持本色”等分类，列出提纲，故事之间用大庆基本经验和王进喜自己的生动语言串联起来，写出一个报告初稿。

王进喜和蔡沛林认为准备得差不多了，就去给康世恩汇报，请他审查。康世恩决定让王进喜在石油部机关作报告，大家受受教育，也提提意见。石油部机关这场报告很成功，有一千多人听。大家认为王进喜讲得生动活泼，内容实在，有气势。就是条理有些不够清晰，稍乱。

回到招待所以后，王进喜继续熟悉内容，蔡沛林从初稿中提炼出一个提纲。就这样，《读毛主席的书 听毛主席的话 为无产阶级革命事业奋斗一辈子》的长篇报告形成了。

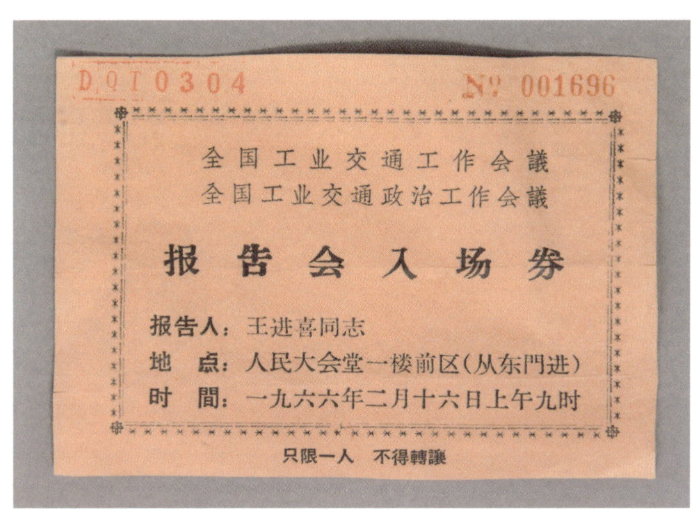

DOT0304 №001696

全国工业交通工作会議
全国工业交通政治工作会議

报告会入场券

报告人：王进喜同志
地　点：人民大会堂一楼前区（从东門进）
时　間：一九六六年二月十六日上午九时

只限一人　不得轉讓

王进喜的全国工业交通工作会议、全国工业交通政治工作会议报告会入场券
（国家二级文物 大庆铁人王进喜纪念馆收藏）

学习王铁人的革命精神　做大庆式的工人

工人阶级的光辉形象——王铁人

为中国人民争气

天大困难都要上

和帝国主义争时間

社论

我們需要千千万万个鉄人！

↑ 1966 年 1 月 3 日，《工人日报》发表通讯《工人阶级的光辉形象——王铁人》

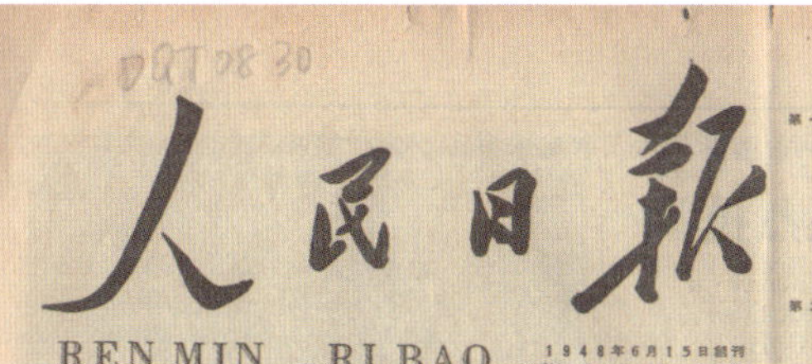

人民日报

REN MIN RI BAO

1948年6月15日創刊 第6432号

今日要目

第一版

读毛主席的书 听毛主席的话 为无产阶级革命事业奋斗一辈子——大庆"铁人"王进喜同志的报告（摘要）

向毛泽东同志的好学生——焦裕禄同志学习——"实现县委领导革命化，建设社会主义新农村"的讨论（专栏）

第二版

就印尼右派势力组织暴徒袭击我马辰领事馆的严重事件，我向印度尼西亚政府提出最强烈抗议

第三版

南越解放武装力量成会庆祝统一五周年

南越军民古芝大捷歼灭美军两千多击落击伤敌机九十架

第四版

砲《人民报》和阿《人民之声报》谴责印度尼西亚反动派为美帝效劳疯狂反共

第五版

武慰萱：是强调阶级分析，还是反对阶级分析？——评吴晗同志在历史人物评价问题上的错误观点

第六版

苏彦平 宋振涛：焦裕禄斗天

1966年2月 17 星期四 夏历丙午年正月廿八

今日北京开印时间5时36分

读毛主席的书 听毛主席的话 为无产阶级革命事业奋斗一辈子

大庆"铁人"王进喜同志的报告（摘要）

全国工业交通工作会議和工业交通政治工作会議开扩大会議 特请大庆"铁人"王进喜同志作报告

新华社十六日讯 全国工业交通工作会议和全国工业交通政治工作会议今天在人民大会堂举行扩大会议，特请全国闻名的劳动模范、全国工业交通先进人物的代表、大庆"铁人"王进喜同志作了报告，报告题目是"读毛主席的书听毛主席的话为无产阶级革命事业奋斗一辈子"。

会议由陶鲁笳同志主持。

听王进喜同志报告的，有参加全国工业交通工作会议、全国工业交通政治工作会议和省市自治区工会主席会议的全体同志，中央工业交通各部的部长、政治部主任，还有北京市机关、团体、工矿企业的职工共计一万三千多人。

王进喜同志报告以后，薄一波、余秋里、陶鲁笳等负责同志接见了他，并且进行了谈话。

"我们要靠毛主席思想赶快拿下这个新油田"

"对党负责，对国家负责，对子孙万代负责，对全世界劳动人民负责"

"怕不怕艰苦奋斗，是革命不革命的问题"

（下转第二版）

编者按 "读毛主席的书，听毛主席的话，为无产阶级革命事业奋斗一辈子。"王进喜同志的这些话，充分显示了大庆人的精神面貌，显示了中国工人阶级的高度觉悟。在毛泽东思想哺育下，王进喜同志有坚定的政治方向，彻底的革命精神，大无畏的战斗风格，艰苦朴素的工作作风。王进喜同志从一个普通工人成长为工人阶级的"铁人"，最有力地说明了：毛泽东思想武装起来的人，多么坚强，多么有力量。

工人阶级的先进分子是彻底的革命派。王进喜在大庆工作的历史，就是在党的领导下彻底革命的历史。在建设大庆油田的过程中，王进喜同广大战友一起，同天斗，同地斗，同阶级敌人斗，同错误思想斗，取得胜利不骄傲，遇到挫折不灰心，再接再厉，一往无前，表现了彻底革命者的本色。

"阶级斗争在职工中反映再强烈不可怕，任何艰巨任务不可怕，任何艰苦环境也不可怕，忽视政治领导最可怕。"王进喜所以能成为一个彻底的革命者，就是因为他深切地体会到这一点，时时事事不忘阶级和阶级斗争，时时事事突出政治。

彻底的革命者，总是以天下为己任，胸怀祖国，放眼世界，坚持革命，勇往直前。王进喜同志说的对："打几个漂亮仗是不难的，要是做一辈子艰苦的事情，就要不断学习毛主席著作、不断改造自己才能办到。"

读毛主席的书，听毛主席的话，照毛主席的指示办事，在三大革命运动的实践中，我们国家涌现了千千万万的英雄人物。雷锋、王杰、麦贤得、焦裕禄就是军事战线、农业战线这类英雄人物的出色代表；王进喜就是工业交通战线这类英雄人物的出色代表。我们向英雄人物学习，首先就要学习他们活学活用毛泽东思想，彻底革命的精神。

刘少奇周恩来等领导人接见一些专业会议人员

↑ 1966年2月17日，《人民日报》刊发王进喜在全国工业交通工作会议、全国工业交通政治工作会议上作的报告

↑ 王进喜为革命鞠躬尽瘁，奋斗终生

王进喜是毛主席说的那种“站起来的中国人”

1966 年 2 月 16 日，在全国工业交通工作会议、全国工业交通政治工作会议作报告前，余秋里等人接见了王进喜。报告开始后，王进喜先自我介绍，说：“我是从玉门到大庆会战的普通工人，文化低，水平也低，自己讲话自己都不愿听，哪敢给领导们作报告。大会让我讲，我就随便讲一讲，有不对的地方，请首长和同志们批评。”

这场报告用大量的事实和鲜活的语言，讲述了大会战中的故事，介绍了大庆的经验，宣传了大庆精神，展现出英雄的风采和个人的魅力。报告生动精彩，完全达到了“要讲出思想来，讲出气势来，讲出个人特点来”的要求。

一是主题突出，思想明确。王进喜用亲身经历，用包括 1205 钻井队、钻井二大队职工在内的大庆人的亲身经历，介绍了大庆会战的经验，宣扬了大庆精神，歌颂了党的领导、群众路线。

二是气势磅礴，表现出王进喜的精神风貌。例如，王进喜说：“我恨不得一下子飞到大庆，一拳头砸出一口井来。站起来的中国人民是天不怕、地不怕的硬汉子。”说到这儿，他又站起来，大声地说：“我们要奋发图强，自力更生，艰苦创业，高速度、高水平拿下这个油田，把落后帽子甩到太平洋里去！给党和国家争光，为中国人民争这口气！”说完，王进喜把讲台上的前进帽拿起来甩了甩，引起一阵长时间的热烈掌声。让人感到王进喜就是那种“站起来了”的中国人。

三是感情真挚，事例生动，语言鲜活，给人一种全新的感觉。例如，在讲到提高钻井质量时，王进喜说：“要打直井，首先我们脑瓜子里要有个直井。要有高度的政治责任心。脑瓜子里没有直井，一辈子也打不出直井来。”在讲 1205 钻井队出事故丢了标杆，分析原因时，他说：“工人的问题是干部的问题，下面的问题是领导的问题，一切的问题是思想的问题。”每到这样精彩处，都会引起一片掌声。

四是这场报告王进喜不拘泥于提纲，按照事先准备，发挥得淋漓尽致。例如，讲到结尾处，王进喜没有单纯地念诗，而是联系了当时的国际国内形势来讲，这样就显得浑厚了很多。最后，他颇有气派地打着手势高声朗诵道：

手扶刹把像刺刀，钻杆就像机枪和大炮，压力一加钻头就向地球里边跑，打完进尺，原油就呼呼噜噜往地面冒。

朗读完毕，现场再次响起长时间热烈的掌声。

王进喜的报告，引起了强烈的反响，轰动了北京。会后，中央各部委、解放军各总部等许多单位，纷纷向石油部提出，邀请王进喜去作报告。康世恩说：“这么多单位都来请，还不得把铁人累死，干脆就在中央人民广播电台讲它一场，这样大家就都听见了。”

可中央人民广播电台播了以后，大家光听声音还不行，要见见王进喜是个什么样的人。康世恩就让王进喜到北京电视台去讲，这样大家就都看到了。王进喜上电视，这是第一次。北京电视台领导说，党和国家领导人一般最长讲 30 分钟，王进喜也讲 30 分钟吧。王进喜讲到 20 多分钟时，观众又是鼓掌，又是欢呼，要求让铁人继续讲，不要停下。北京电视台台长决定让铁人接着讲，不要受时间限制，结果讲了 53 分钟，压掉了好多后边的节目，创了北京电视台个人演讲时间最长的纪录。

大家纷纷表示，通过收听收看王进喜演讲，强烈地感受到了什么是站起来了的、堂堂正正的中国人。

↑ 1966 年 2 月 16 日，王进喜应邀在全国工业交通工作会议、全国工业交通政治工作会议上作题为《读毛主席的书 听毛主席的话 为无产阶级革命事业奋斗一辈子》的报告

王进喜（中）参观北京电视台

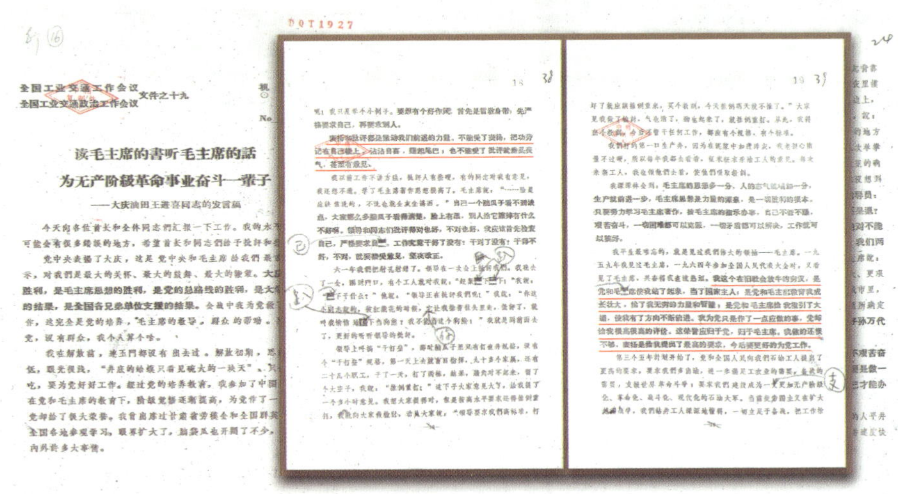

全国工业交通工作会议
全国工业交通政治工作会议 文件之十九

No

读毛主席的書听毛主席的話 为无产阶級革命事业奋斗一辈子

——大庆油田王進喜同志的发言稿

今天向各位首长和全体同志們汇报一下工作。我的水
可能会有很多錯誤的地方，希望首长和同志們給予批評和
党中央表揚了大庆，这是党中央和毛主席給我們最
示，对我們是最大的关怀、最大的鼓舞、最大的鞭策。大
胜利，是毛主席思想的胜利，是党的总路线的胜利，是大
的结果，是全国各兄弟单位支援的结果。会議中我为党
作，这完全是党的培养，毛主席的教导，群众的帮助。
党，没有群众，我个人算个啥。

我在解放前，連玉門都沒有出去过。解放初期，思
低，眼光很浅，"井底的蛤蟆只看見碗大的一块天"。只
吃，要为党好好工作。經过党的培养教育，我参加了中国
在党和毛主席的教育下，阶級覺悟逐渐提高，为党作了一
党却给了很大荣誉。我曾出席过甘肃省劳模会和全国群英
全国各地参观学习，眼界扩大了，脑袋瓜也开阔了不少，
內外許多大事情。

18

……要想有个好作风，首先是要以身作则，先严格要求自己，再要求别人。

表扬和批评都是推动我们前进的力量。不能受了表扬，把功劳记在自己帐上，沾沾自喜，翘起尾巴；也不能受了批评就垂头丧气，甚至有怨气。

……自己一个脸瓜子看不到缺点，大家那么多脸瓜子看得清楚。脸上有灰，别人给它擦掉有什么不好呢。领导和同志们批评得对也好，不对也好，我应该首先检查自己，严格要求自己。工作究竟干好了没有？干对了没有？干得不好，不对，就要接受意见，坚决改正。

……

19

……

我深深体会到，毛主席的思想多一分，人的志气就增加一分，生产就前进一步，毛主席思想是力量的源泉，是一切胜利的根本。只要努力学习毛主席著作，按毛主席的指示办事，自己不怕不难，艰苦奋斗，一切困难都可以克服，一切矛盾都可以解决，工作就可以搞好。

我平生最难忘的，就是见过我們伟大的领袖——毛主席。一九五九年我见过毛主席，一九六四年参加全国人民代表大会时，又看見了毛主席，……我这个在旧社会放牛的穷汉，是党和毛主席使我站了起来，当了国家主人；是党和毛主席教育我成长壮大，给了我无穷的力量和智慧，是党和毛主席给我指引了大道，使我有了方向不断前进。我为党只是作了一点应做的事，党却给我很高很高的评价。这荣誉应归于党，归于毛主席。我做的还很不够，表扬是给我提出了最高的要求，今后要更好的为党工作。

第三个五年计划开始了，党和全国人民向我們石油工人提出了更高的要求，……

1966年2月16日，王进喜题为《读毛主席的书 听毛主席的话 为无产阶级革命事业奋斗一辈子》的发言稿

第八篇

超功勋甩王牌 当世界冠军

挑战功勋队

“全国学大庆，大庆怎么办？”这是大庆工委按照“两分法前进”指导思想提出的严峻课题。1966 年是“三五”计划的第一年，也是“工业学大庆”的高潮年。由此，大庆工委确立了“支援四川，发展大庆，再创新水平”的奋斗目标。

在这种情况下，1202、1205 这两个“钢铁钻井队”瞄准了苏联的一个“功勋队（即波良可夫斯基钻井队）曾创造年钻 40816 米的高纪录，提出要在 1966 年实现“年钻 5 万米，超过功勋队”的目标。

这两个队在 1965 年双双打上了 3 万米。经过冬训后，在思想认识方面有了很大的提高，设备经过整修和部分更新，战斗力更强。考虑到两个队，一个是连年跃进的“永不卷刃的尖刀”，一个是铁人王进喜带过的“钢铁钻井队”，参加会战以来连创佳绩，因此，会战工委批准了他们的请求。

铁人王进喜听闻这个消息，高兴得睡不着，抓紧一切时间穿梭于两个队之间，和他们一起研究技术措施，帮助他们解决一些实际困难。尽管两个队都是钢铁队伍，技术过硬，但要年钻 5 万米也不是件容易事。王进喜从大处着眼，小处着手，和他们一起定措施、挖潜力。

1966 年 1 月 20 日晚，除夕夜的大庆，朔风凛冽，寒风刺骨。解放村与光明村中间的 1205 钻井队井场，井架巍然耸立，串串灯光倒挂其上，好似一把利剑，直刺夜空。经过一夜的准备，1205 钻井队、1202 钻井队就要在这里召开起步大会。

起步大会开始后，1205 钻井队队长王作福、1202 钻井队队长张石林上台发言表决心。大庆会战工委党委副书记、副指挥宋振明代表大庆工委鼓励两支队伍说："把美国的王牌钻井队和苏联的功勋钻井队统统踩到脚下，到那时大庆工委为你们庆功！"

大年初一早晨8点钟，1205钻井队和1202钻井队冒着严寒，开动钻机，打响了向5万米进军的第一钻。

1966年1月25日，大庆《战报》在头版头条发消息报道了1205钻井队和1202钻井队的春节起步，文章说，这两个队在冬训中，分析了会战起步的有利形势和不利因素，针对个别职工想急打快上的情绪，组织学习《论持久战》的部分章节，把毛主席语录"我们需要的是热情而镇定的情绪，紧张而有秩序的工作"，用大字写在黑板报上，挂在了井场上。

1202、1205钻井队，不愧标杆。第一口井就创出了冬季打井的最高水平：都用3天20多个小时，打出一口优质井，井斜在1.9度以内。起步以后越打越勇，到4月底就打到了2万米。

↑ 王进喜（中）立足生产实际，培养队伍严细认真的工作作风

↑ 王进喜（左二）注重职工技术培养，现场为工人作示范

↑ 王进喜（中）到井队了解生产情况

出国访问：坚定全国每人每年半吨油的目标

1966 年 5 月 3 日，周总理陪同阿尔巴尼亚部长会议主席谢胡第三次到大庆视察。当周总理听到 1202、1205 两个钻井队要“上 5 万米，超过苏联功勋队”的消息时，心里很高兴，对身边的大庆工委副书记宋振明说：“这两个队打上 5 万米时，国务院要给予鼓励，你要向工人们讲。”

在 1202 钻井队的钻台上，铁人王进喜手扶刹把为外宾做了起下钻表演。表演完，王进喜对周总理说：“您上次来，钻机用的是柴油机，现在改成电动机了，快多了。”周总理握住王进喜的手，对他说：“你们两个队打上 5 万米时给我发电报，我一定替你们向毛主席报喜。国务院要鼓励你们！”外宾参观过程中，向周总理提出要求，想邀请中国派代表团帮助阿尔巴尼亚发展石油工业。参观完临离开时，周总理又一次嘱咐王进喜，一定要带领工人好好打，上了 5 万米向他报告。

同年 6 月初，我国接受阿尔巴尼亚工矿部的请求，组成一个石油代表团，前往阿尔巴尼亚帮助设计巴托斯、钴林两个新油田。铁人王进喜和大庆另一名代表陶冰华也随团前往访问。

中国石油代表团一行 12 人于 6 月 4 日登机，途经伊尔库茨克、莫斯科、布达佩斯，6 月 13 日来到阿尔巴尼亚的地拉那。

在阿尔巴尼亚期间，王进喜的任务是介绍大庆石油会战的情况。他站在讲台上，神态自如的讲解、生动形象的比喻，每讲一次都赢得阵阵“乌拉”“乌拉”的欢呼声和如雷鸣般的掌声。

访问期间，他建议多看油田，多了解阿尔巴尼亚的石油生产情况。每到一个井场，王进喜都主动上前和工人握手、拥抱，通过翻译与他们亲切地交谈；条件允许的话，就走上钻台扶一会儿刹把。有时他还和阿尔巴尼亚的工人一起研究改进钻井措施。有一天，在一个井队参观，王进喜发现泥浆太稠影响钻速，想了一下，赶紧给当班工认真地提出了建议。

一天，阿尔巴尼亚的工矿部长陪同代表团参观，在介绍当地石油生产情况时，说到阿尔巴尼亚 180 万人口，生产石油近百万吨，“平均每人每年半吨油”。王进喜听完被震惊了。

当确认了这个信息后，王进喜陷入了久久的沉思和自责当中。他想：“阿尔巴尼亚是个小国、穷国，这次来我们还担负着帮助人家发展石油工业的任务，可人家已经做到了‘平均每人每年半吨油’。我们国家是个大国，这几年石油工业有了大发展，基本上自给了，可平均到每个人手里才有多少？”从此这个“半吨油”如同那个“煤气包”一般，像条虫子一样咬着他的心。王进喜对同行的陶冰华说：“咱们还不行，就算有了个大庆，平均每人才几两油呀！比富比不过英美，连阿尔巴尼亚都比不过，还是个贫穷落后。咋办呀，没别的，回去后咱们还是需要拼命奋斗呀！”

从 1965 年 7 月王进喜在石油部政工会上的发言中，他提出了“全国每年每人半吨油”的奋斗目标，到 1966 年 6 月他来到阿尔巴尼亚出国访问，王进

↑ 王进喜和中国石油代表团成员受到阿尔巴尼亚国家领导人的亲切接见［前排：阿尔巴尼亚副总理阿利亚（左一）、中国石油代表团长唐克（左二）、阿尔巴尼亚劳动党第一书记霍查（左三）、铁人王进喜（左四）、中国驻阿尔巴尼亚使馆代办王锦川（右三）。后排：石油部外事司副司长窦炳文（左三）、代表团翻译孙忆新（左五）、大庆家属代表陶冰华（左六）、大庆油田会战政治部副主任李云（左八）、四川石油管理局钻井队长闵志荣（右三）］

喜的这个想法更加坚定了。从甩掉“煤气包”，到为实现“半吨油”而战，是这位有高度责任感和使命感的国家主人翁又一次新的思想飞跃。

这是王进喜一生中的第一次，也是唯一一次出国访问。

↑ 王进喜（前排左二）前往阿尔巴尼亚，途经苏联时与中国石油代表团成员在我国驻苏联大使馆门前合影留念

双双刷新世界年进尺指标

周总理的关怀给 1202 钻井队、1205 钻井队的工人们以巨大的鼓舞，他们继续向目标发起冲击，1966 年 6 月打上了 3 万米，7 月双双实现了“九开九完”，只用 6 个月零 10 天就打井 42718 米，超过了苏联功勋队。到 8 月 18 日，两队双双打上了 5 万米，口口井质量全优。为此，大庆油田党委召开了庆贺两个钻井队登上钻井 5 万米高峰的大会。

1966 年 9 月 3 日，遵照周总理指示，大庆油田组织以王进喜为团长的报捷团来到了北京。9 月 29 日下午，周总理等领导人接见了报捷团。报捷之后，留下部分同志参加座谈会。大庆参加的有王进喜、屈清华、王作福等 6 人。座谈开始时，王进喜蹲在周总理的对面，擎着大大的花名册给周总理看。

“你多大了？”周总理问。

“我老了，干不动了。总理！”王进喜笑着回答。

“你老了，那我怎么说呢？”周总理也笑着说。

这时大家都笑了。

周总理翻着花名册，一个一个地点着名，问大家的情况。

座谈中，汇报到 1202 钻井队、1205 钻井队情况时，周总理问：“打到多少米了？”

王进喜说：“8 月份已上 5 万米。10 月 2 日打到 7 万米。年内一定要打上 10 万米！”

1966 年 12 月 26 日，1205 钻井队用了 11 个月零 5 天打井 82 口，进尺 100153 米，与 1202 钻井队同时登上年进尺 10 万米的高峰。这是载入中国石油史册，令人荡气回肠、扬眉吐气的一天，他们共同铸造了中国人的魂魄，是站起来的中国人的形象。当时1205钻井队队长王作福、党支部书记叶德荣以及副队长、技术员、大班和各岗钻工，共计74人，他们是世界纪录的创造者，用铁人精神书写了奇迹！

当两个钻井队累计进尺十万米的最后一根钻杆钻进地层时，井场上立即爆发出一阵欢呼声。12月26日下午，大庆油田各条战线的职工代表前去1202钻井队和1205钻井队，向创造了钻井十万米新纪录的英雄们祝贺，全场职工情绪高昂，大家齐声高唱《大海航行靠舵手》，欢呼声在油田上空飘荡。

1966年12月28日，《人民日报》刊发了题为《大庆两钻井队齐破十万米刷新世界纪录》的消息。其中说，我国石油工业战线传来一个振奋人心的喜讯：大庆油田两个钻井队最近又双双创造了一项世界最新纪录——在11个月零5天的时间里，两个钻井队突破了钻井十万米的大关，大大超过了苏联一个钻井队创造的一年钻井40816米的纪录，也超过了美国一个钻井队创造的全年钻井90325米的世界最高纪录。这项纪录是由石油部的五好红旗标兵、大庆油田1202和1205两个钻井队创造的，从而提前实现了他们自己提出的赶超世界先进水平的战斗目标，他们使用的钻机都是国产的。这一伟大成就，标志着我国钻井技术又向前迈进了一大步。这两个队今年钻井的总进尺，相当于他们去年钻井总进尺的四倍。一个队一年的总进尺比旧中国石油工业42年的钻井总进尺还要多，两个队所钻的井，口口质量合格，全优率达99.4%。

1966 年 12 月 26 日，1205、1202 两个钻井队用国产钻机齐破十万米，钻井合格率达 100%，全优率达 99.4%，超过了苏联功勋钻井队 40816 米纪录和美国王牌钻井队 90325 米的世界纪录，标志着我国钻井技术的进步。这两个钻井队 1966 年总进尺相当于 1965 年总进尺的 4 倍

欢呼创造钻井新纪录，1205、1202 两个钻井队登上年钻进尺十万米的高峰。图为王进喜（中）与队友欢呼庆祝

1205 钻井队进尺上十万米时职工欢呼

1205 钻井队进尺上十万米时王进喜（前二排左三）与参战职工合影留念

第九篇

讲进步
不要忘了党

题写“五讲”

在大庆铁人王进喜纪念馆第三展厅，有王进喜“五讲”签名，说起来其中的故事情节非常感人，充满了对英雄的敬仰。

相关文献介绍，王进喜最早挂在嘴边的是“三讲”，也就是“讲进步不要忘了党，讲职工不要忘了大多数，讲缺点不要忘了自己”。1966 年 8 月 25 日，《工人日报》第三版发表题为《大庆人笑谈纸老虎》的文章，引用了铁人王进喜一些话。他说：“今年年初，我就跟 1205 队的同志们讲，讲进步不要忘了党，讲本领不要忘了群众，讲成绩不要忘了大多数，讲缺点不要忘了自己。这样我们就会无敌于天下！”这说明王进喜头脑中已经形成了“四讲”的概念，而且被看成“无敌于天下”的力量。

1966 年国庆期间，王进喜应邀到北京人民艺术剧院作报告。10 月 4 日上午，北京人民艺术剧院 19 岁的演员李光复正在单位上班，他的办公室在四楼，一楼的走廊连着剧场的后台。因为是演员，他经常到后台上转悠。这天，他和新疆的一位朋友奴尔马木提一起去后台时，在一楼走廊靠近后台的沙发上，看到一个熟悉的身影。“这不是铁人王进喜吗！”那打扮、那面孔，李光复在照片上多次见到，那是他崇拜的英雄。“铁人王进喜！”他禁不住叫出声来。李光复和奴尔马木提急忙走上前去，王进喜见有人认出自己，就“嘿嘿”一乐，准备站起身，李光复忙制止说：“您别动，别动！”就和奴尔马木提蹲到王进喜身边攀谈起来。

当时，李光复向铁人询问了两个问题：第一个是“大庆的干打垒是怎么盖的？”第二个是“您当时跳泥浆池用身体搅拌泥浆，情况很紧急吗？”铁人在回答第二个问题时说：“情况很紧急，不及时制止井喷，会很危险。当时只能那么做。”

对李光复来说，王进喜跳泥浆池是英雄的壮举，王进喜却说那是石油工人的职责。王进喜说得非常朴实，40 年后，李光复想起来当时的情景依然感动。

奴尔马木提是柯尔克孜族，比李光复小两岁，是李光复 1965 年参加新疆维吾尔自治区成立 10 周年庆祝活动时认识的。奴尔马木提对王进喜说：“我们新疆人民也非常喜欢您，敬佩您。”奴尔马木提高兴地用维吾尔语为王进喜唱了一首歌《歌唱解放军》，王进喜高兴地鼓起了掌，并热情邀请他们有时间到大庆油田演出。这时，李光复突然觉得，应该让王进喜签字留念，于是就从身上掏出笔请他签字。

王进喜当时坐的那个沙发是木头扶手，呈圆弧状弯下去，他在沙发扶手上题写了五句话，就是人们现在看到的“五讲”：“讲进步不要忘了党，讲本领不要忘了群众，讲成绩不要忘了大多数，讲缺点不要忘了自己，讲现在不要割断历史。”

↑ 大庆铁人王进喜纪念馆第三展厅铁人“五讲”展区

李光复仍然记得当时铁人穿着一件深色的半旧的中山装干部服，戴着一顶前进帽。铁人的脸色微黑透红，好像是从工作现场的风尘中来的，给人以健康结实的感觉。

“五讲”是铁人毕生学习和实践的结晶，是他为我们留下的宝贵思想财富。时隔 50 多年，铁人的“五讲”仍然绽放着思想的光彩。许多观众参观完后由衷感叹：铁人不仅是实干家，还是“思想家”“哲学家”。

↑ 王进喜走到哪里，都受到人们的热烈欢迎。图为 1966 年王进喜（中）在北京参加会议期间，受到科学工作者欢迎的情景

大庆人笑談紙老虎

八月十七日，大庆油田一二〇五钻井队井场上，一片热气腾腾。就在这一天，一二〇五队的职工们创造了用六个月零二十八天时间钻井五万米的世界高水平，把修正主义远远甩到后边去了。正在这个时候，大庆“铁人”王进喜回到了他过去工作过的这个队。他们一次又一次地高兴得举起双拳，高呼“毛主席万岁！万岁！万万岁！”这些毛泽东时代的英雄人物，六年来高举毛泽东思想伟大红旗，在开发、建设大庆油田中，天天在藐视帝国主义，藐视修正主义，藐视资产阶级反动的学术“权威”，藐视一切困难，为祖国创造了多少英雄业绩！他们对毛主席在二十年前和美国记者安娜·路易斯·斯特朗的谈话中阐明的“一切反动派都是纸老虎”的伟大思想，有着深刻的体会。八月十七日这一天，他们和相离几百米的英雄的大庆油田一二〇二钻井队职工一起开了座谈会。一二〇二队是全国著名的“永不卷刃的尖刀”钻井队，它只比一二〇五队多用一天时间，创造了打井五万米的世界高水平。两个队的职工都用自己的亲身经历笑谈了纸老虎。

大庆“铁人”王进喜说：“我们靠什么拿下了大庆油田？一千句话，一万句话，归根到底就是一句话，靠的是毛泽东思想。没有毛主席，没有党，我们什么也办不成。有了毛泽东思想，再大的困难也是个纸老虎。要是按帝国主义、修正主义那一套去搞，不要说六年，就是三个六年也不行。我们有了毛泽东思想，什么帝国主义，什么修正主义，什么资产阶级反动学术“权威”，什么困难都没有什么了不起，统统是纸老虎，统统是豆腐老虎。现在我们一个队，六个多月就打下五万米，过去谁敢想！我这回出国，路过苏联，了解他们有个“国家功勋钻井队”，靠现代化设备，一年打四万零四十五米，就到处挂照片，吹得不得了。我们在毛泽东思想的武装下，用的是旧设备，就把它远远甩到后边去了。他们国家的头头成了高薪阶层，搞资本主义复辟，背叛了工人阶级，工人怎么能好好跟他干！

“我们真幸福，有最英明最伟大的领袖毛主席，有伟大的、光荣的、正确的中国共产党，毛主席最相信群众，最关心群众，和革命群众心连心，在毛主席领导下，我们还有什么事干不成！”我常说：“石油工人一声吼，地球也得抖三抖。”五万米算什么！还得打六万米、七万米，不光甩掉修正主义，还得甩掉美帝国主义。过去，帝国主义，修正主义吓唬我们，说钻头下到井下，就不听人的了。我就不信，为什么不听人的！我们听毛主席的话，钻头就得听我们指挥，叫它上哪儿它上哪儿。别看地层硬，它也是纸老虎。人的思想硬，它就变成豆腐；人的思想软，就啃不动它。打井质量也是一样，过去有些外国“专家”说井是打不直的，我们没有听他那一套，我们要对党、对人民、对子孙后代负责，一定要把井打直。他们说，井打斜十多度也行。我们来到大庆，甩掉了“洋拐棍”，打的井都没有超过三度，大部分只有两度、一度。从井下取岩芯也是一样，我们创造了世界新纪录，一次能把七十多米长的岩芯取出来。这一切，都把修正主义甩得远远的，气死了美帝，大长了无产阶级的志气，灭了敌人的威风。

“革命是件不容易的事，困难总会有的。这并不是坏事。困难大压力就大。我们有毛主席思想，大家自觉担起这个压力，干劲就大了，压力就会变成动力。

“我们要干的事多得很，现在只是万里长征走了第一步。我们永远要听毛主席的话，听党的话，永远保持谦虚谨慎的作风，虚心向群众学习。今年年初，我跟一二〇五队同志们说：讲进步不要忘了党，讲本领不要忘了群众，讲成绩不要忘了大多数，讲缺点不要忘了自己。这样，我们就会永远无敌于天下。”

一二〇五钻井队政治指导员、油田五好标兵叶德荣说：“我们现在天天在和时间赛跑，在和敌人较量。我们队六个多月打五万米，跑在帝国主义、修正主义前面了，这是毛泽东思想的胜利。事实证明，五万米也是个纸老虎。年初讨论计划，一说今年要打五万米，要比去年打井进尺多一倍，讲起困难真不少。可是，一想到要‘超美甩修’，大伙儿就来劲了。我们白天黑夜一遍又一遍地学习毛主席著作，明确了这不只是打生产仗，更重要的是打政治仗，打无产阶级志气仗，因此首先要有革命化的思想。我们这个队年青人多，大家说‘新兵打硬仗，全靠毛泽东思想，有了毛泽东思想，刀山火海也敢上。’外国能达到的，我们要达到；外国达不到的，我们也要达到！我们硬是这样在战略上藐视敌人，藐视困难，在战术上又重视每一个具体困难；敢打又善打，结果只用六个月零二十八天，就打了五万米。靠什么？全靠毛泽东思想。帝国主义、修正主义过去笑我们落后，笑我们是贫油国，妄想卡我们的脖子，他们笑得太早了！”

一二〇五队司钻白廷祥和副司钻刘元勋，就怎样在打井中戳穿地层这个纸老虎谈了他们的看法。他们说：我们有毛泽东思想，有革命的雄心壮志，就天不怕，地不怕，一切帝国主义和反动派都能打垮，一切困难都能战胜。今年一开始我们要打五万米，当时地层不熟，是个大难题。我们就带着这个“敌情”，细心地摸，把井下每一个夹层，摸得透透的。我们说，放走一个夹层，就是放走一个敌人，很快就熟悉了地层，打起井来又快又准。

一二〇二队副政治指导员、油田五好标兵林之芳说：“我们这几年天天敢于藐纸老虎，敢于拔老虎的牙，和天斗，和地斗，和阶级敌人斗，取得了一个又一个的大胜利，有一条最基本的经验，就是任务越重，越要舍得花时间学习毛主席著作，井就打得越好。今年打井的任务比去年超过一倍多，我们学习毛主席著作也更加努力，更加自觉，年初到现在二百多天，我们集中学习的时间就有六十多天。在平常，每天都有四个小时学习。这半年多，我们打了五万米井，就是按照林彪同志的指示，带着问题学，活学活用，学用结合，急用先学，立竿见影，在“用”字上狠下功夫，不断加强人的思想革命化，解决了生产、工作中一个又一个关键。遇到困难，我们就学毛主席著作，学得好，用得好，井打得就快，我们工人都尝到了这个甜头。今年七月份我们活学活用毛主席著作比过去更好了，井也打得最快，这一个月就打了一万零九百多米。

“我们伟大的领袖毛主席关于一切反动派都是纸老虎的英明论断，给我们干革命、搞建设增加了无穷无尽的力量。过去我们靠毛主席的这个英明论断，推翻了三座大山；今天靠这个英明论断，搞社会主义革命和社会主义建设；我们还要靠这个英明论断，建设共产主义！”

两个钻井队的职工一致表示，要更高地举起毛泽东思想伟大红旗，响应党的八届十一中全会的伟大号召，在无产阶级文化大革命中进一步掀起活学活用毛主席著作的新高潮，夺取革命和生产双胜利。

（据新华社）

敌人，必须随时了解敌情，取得“知己知彼，百战百……

……决这个问题？我们按照毛主……实行了放手发动群众，彻底……的革命办法，打破一切旧框……，大搞工人设计。在大搞工……地质员和钻工密切配合，这……的夹层情况，随时了解得清……

……怎样采取不同打法？毛主席……

↑ 1966年8月25日，《工人日报》刊登了题为《大庆人笑谈纸老虎》的文章

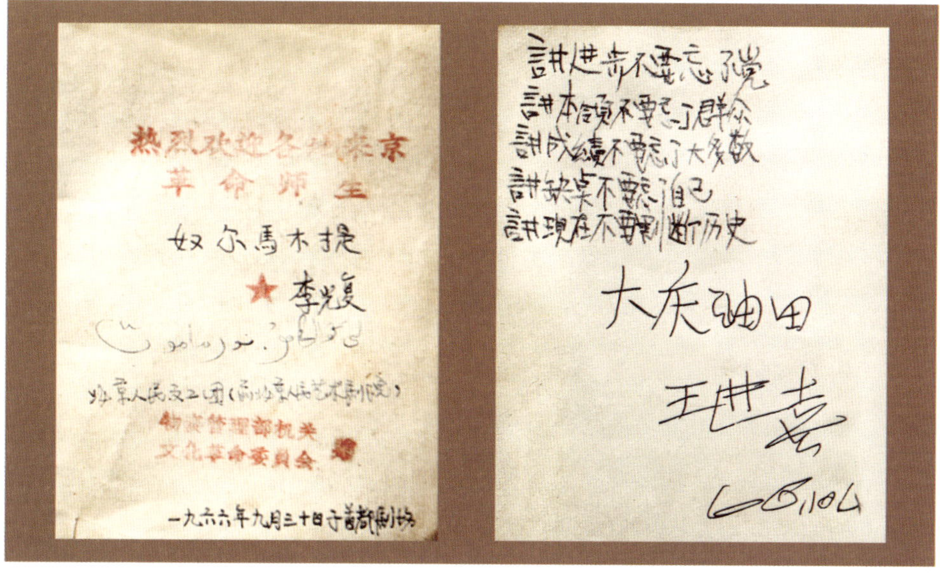

↑ 王进喜题写的“五讲”

文化艺术名人心系老铁

大庆油田开发建设过程中，王进喜创造了惊天伟业，同时他也从井场走上了社会大舞台，结交了一批文人朋友，包括记者冯健、田流、程晓候；画家邵宇；演员常香玉、李劫夫、刘金禄、孟庆良；作家魏钢焰、李若冰；导演孙维世、金山、张骏祥、孙永平等，不下百人。其中有一批是经常来往、有深交的好朋友。

王进喜和文人交朋友，他看人和用干部一样，也是“以干取人”。一看是不是真心爱党爱石油，能不能深入基层同工人交朋友，为工人着想，替工人办事；二看有没有真本领，是否写出歌颂大庆，歌颂石油工人、家属的好作品。

诗人李季曾三次到大庆油田，次次都要到钻井前线和王进喜一起住几天。原因是，有一年在玉门油田，大雪纷飞的早晨，李季上井队了解生产情况，吃力地往钻台上爬。上了钻台之后，他不知道站在哪里更安全一些。在六神无主的时候，王进喜用手臂扶住他，大声对他吼：“站这儿安全！”从此，他和王进喜交上了朋友，一生没断往来。

上海海燕电影制片厂著名导演张骏祥等人到大庆拍摄艺术性纪录片《大庆战歌》。大庆石油会战伊始的“人拉肩扛”“端水打井”“跳泥浆池”等情节需要王进喜参加补拍。王进喜事情多、工作忙，总是匆匆来、匆匆去。但只要导演把意图讲清，他马上心领神会，领上工人“演”起来跟当时一模一样，几乎都是一次成功。张骏祥一生都佩服王进喜，决心像王进喜那样努力工作，为共和国的电影事业作出自己的贡献。

作家魏钢焰在大庆体验生活两年多，把妻子调到大庆工作，把儿子送到采油队当工人，实心实意地要用笔写大庆。魏钢焰在钻井二大队居住的时间也很长，曾几十次甚至上百次跟踪采访大庆油田，和王进喜结下了深厚的友谊。他发表了大量描写大庆的作品，其中《忆铁人》《历史的谱写者》等 3 篇文章从不同的角度歌颂了铁人精神。魏钢焰临终前嘱咐，要把骨灰埋在大庆“铁人一口井”旁。

导演、剧作家孙维世、金山夫妇在大庆长期体验生活，和大庆的一支业余演出队合作，创作出大型话剧《初升的太阳》，在大庆和北京公演，受到了热烈的欢迎。王进喜对这样的艺术家十分钦佩。孙维世在钻井二大队体验生活时，非要住到井队上。王进喜怕她身体吃不消遂不同意，惹得孙维世发了脾气，才做了安排，打冰上井时，孙维世又要到零下 40 多摄氏度的冰面上去住。王进喜劝不住，只好让井队特意腾出一间房，做了周密的准备。孙维世住到井上后，经常和王进喜一起上井，一起劳动，一起开会，一起学习毛主席的著作。通过这样亲密的接触，王进喜看到了孙维世对石油、对大庆的一片真诚，孙维世也更深刻地了解了王进喜，二人成为至交。

↑ 1964 年以后，大批文艺工作者来大庆体验生活，他们和王进喜（右三）结下了深厚的友谊

↑ 从 1964 年初开始，国内各大媒体开始大力宣传大庆精神，新闻工作者纷纷深入大庆油田采访。王进喜幽默的谈吐和谦虚谨慎的作风给他们留下了深刻印象。图为王进喜（中排左八）与曾到大庆采访的新闻工作者合影

1965 年，著名艺术家孙维世、金山来大庆专门到王进喜所在单位体验生活，孙维世创作出反映大庆人工作生活的话剧《初升的太阳》。图为孙维世（左）兴致勃勃地听王进喜（右）讲故事

1965 年，著名画家邵宇来大庆油田体验生活，创作了大量反映大庆油田开发建设的画作，在《人民日报》《工人日报》发表，后来结集成《大庆速写》出版。图为邵宇（右）和王进喜（左）的合影

↑ 1966 年，王进喜（前二排左五）和话剧《初升的太阳》的演职人员在北京汇报演出时合影

1977年6月5日 星期日 第四版　　人民日报

忆铁人

魏钢焰

力量的源泉

（套色木刻）

赵宗藻

↑ 1977 年 6 月 5 日，《人民日报》刊登魏钢焰的《忆铁人》

豪迈奔放的诗章

铁人王进喜参加大庆石油会战以后，就开始写诗。究竟写过多少，没人统计过。在铁人王进喜纪念馆的展墙上和许多出版物中，都有他的诗作。人们看了他的诗，说他是“工人诗人”。“诗言志，歌传情。”王进喜写诗是思想的外化，豪情的抒发。王进喜的诗是劳动的号角，真情的咏唱，“从心里流出来的语言”。

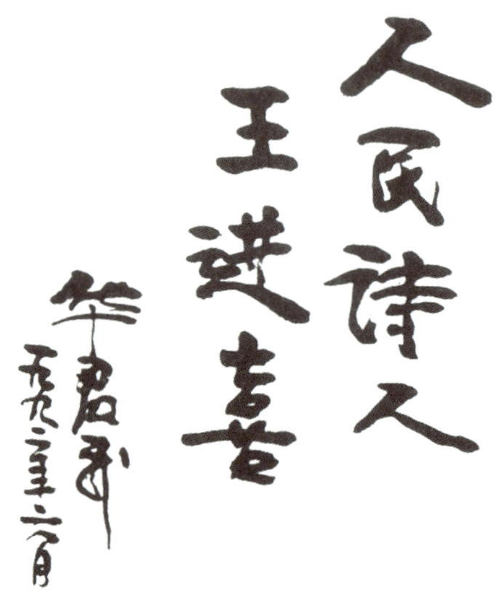

↑ 1992 年 6 月，中国著名美术活动家、漫画家，《人民日报》美术组组长，《人民文学》美术顾问华君武参观铁人王进喜纪念馆并题词：“人民诗人王进喜”

1960 年，王进喜带领全队工人从大西北到大庆参加石油会战，心中怀着甩掉北京街头公共汽车上的煤气包的雄心壮志，是憋着一口气来的。到了大庆，面对凛冽的北风、漫天的飞雪，看到来自五湖四海的人群，自然地把这种发自内心的情感用语言说出来，再加工，就成了一首诗：

北风当电扇，大雪是炒面。天南海北来会战，誓夺头号大油田！干！干！干！

王进喜说："大会战像打仗一样，不能等！"钻机来了，没有吊车，汽车也不足，他们就人拉肩扛搬运安装钻机。用这种超常规的办法，去克服超常规的困难，自然少不了鼓劲的劳动号子。工作组长宋振明把王进喜在劳动实践中迸发出来的劳动号子记录下来，又经过修改加工，也成为一首诗：

石油工人一声吼，地球也要抖三抖。石油工人干劲大，天大的困难也不怕！

如果说劳动创造了诗情，那么王进喜通过学习毛主席的著作，有了一定的文化和理论基础，再写诗，就是一种自主行为，带有创作的意味了。他边学边读边写边记，把自己零散的体验记录在本子上，请老师帮助修改、加工，最后产生了反映自己学习体会的诗：

石油工人学毛著，字字句句记心间。牢记昔日苦和难，永葆今日幸福年。

1965 年秋天，王进喜随团到沈阳军区参观学习，又勾起了他"大会战像打仗一样"的情愫，随口咏出两句："手扶刹把像刺刀，钻机就是机枪和大炮。"晚上睡不着觉，他就接着想。他想，手扶刹把干什么？要加压力，要往下钻，要让原油冒出来。又写出几句："压力一加，钻头就往地里跑。打完进尺，原油就哗哗啦啦往外冒。"后来，《战报》记者蔡沛林、徐勤来采访，王进喜请他们帮着修改，起个标题叫《手扶刹把像刺刀》，定稿为：

手扶刹把像刺刀，钻杆就像机枪和大炮。压力一加，钻头就往地球里边跑。打完进尺，原油呼呼噜噜往地面冒。

我们可以看出，感情的升华加上劳动情景的再现，迸发出思想火花，就产生了铁人的诗，受到了人们热烈的欢迎和好评。著名作家刘白羽参观“铁人一口井”和铁人王进喜纪念馆时，把铁人的诗读了又读，读后很有感触地说：“我对铁人的诗感兴趣。这是任何诗人都写不出来的，有哲理、有气魄、有感情。他能写出来，是因为他有这样的实践和情感。”

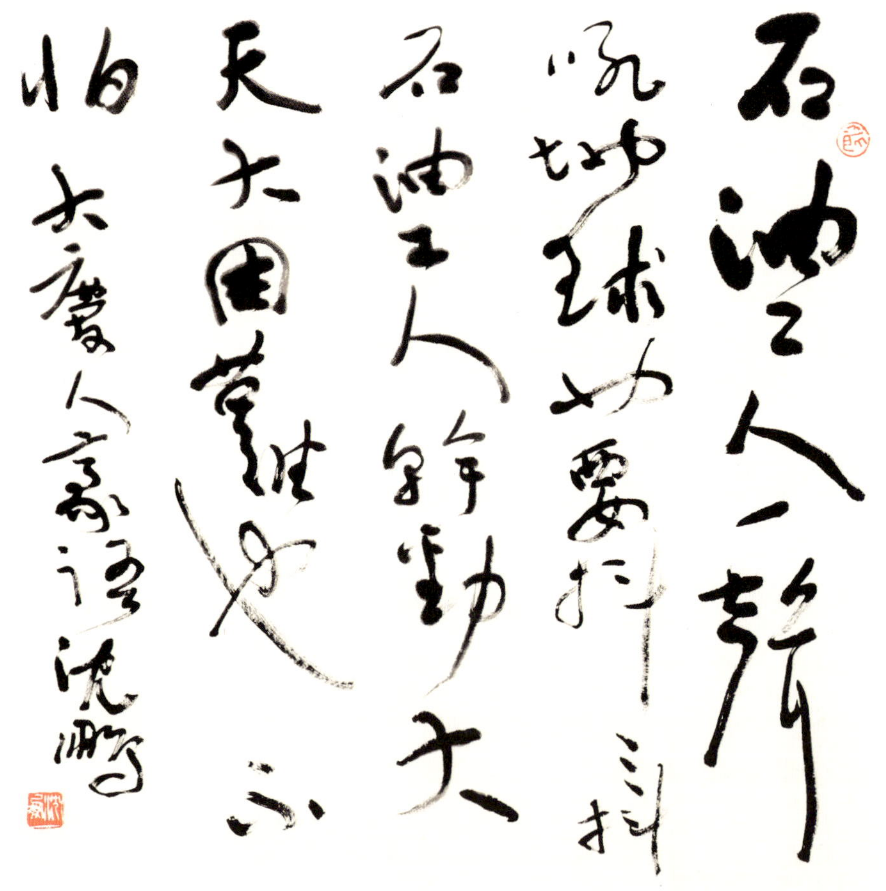

↑ 石油工人一声吼，地球也要抖三抖，
石油工人干劲大，天大困难也不怕

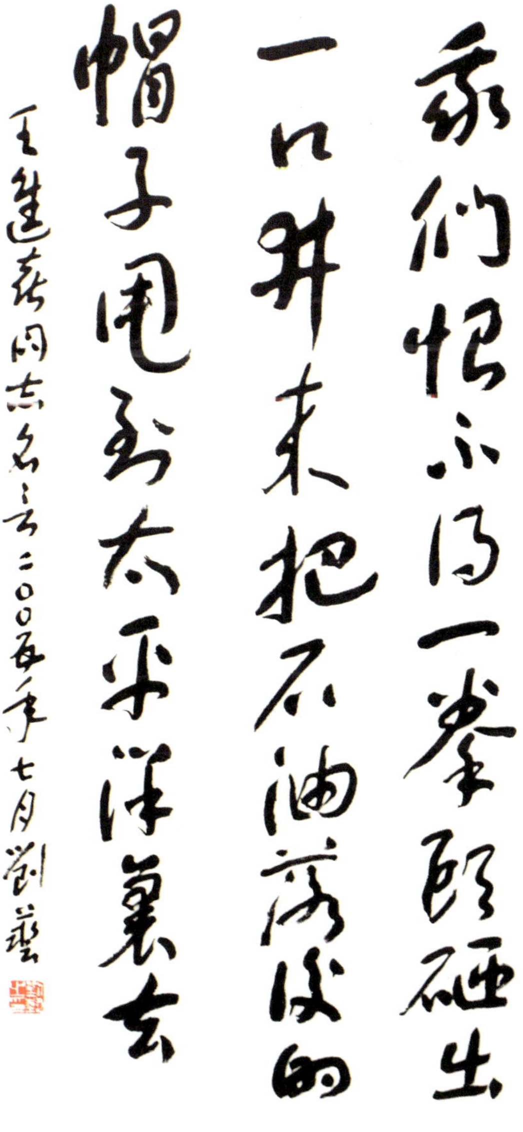

我们恨不得一拳头砸出
一口井来把石油落后的
帽子甩到太平洋里去

王进喜同志名言 二〇〇五年七月 刘艺

↑ 我们恨不得一拳头砸出来一口井来，把石油落后的帽子甩到太平洋里去

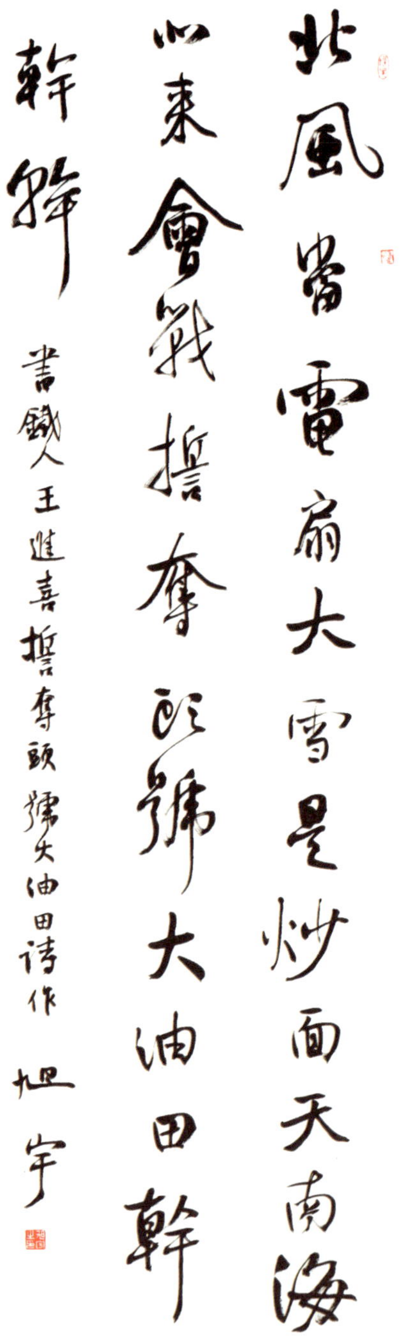

北風當電扇大雪是炒面天南海
北來會戰誓奪頭號大油田幹
幹幹

書鐵人王進喜誓奪頭號大油田詩作 旭宇

北风当电扇，大雪是炒面，天南海北来会战，誓夺头号大油田，干！干！干

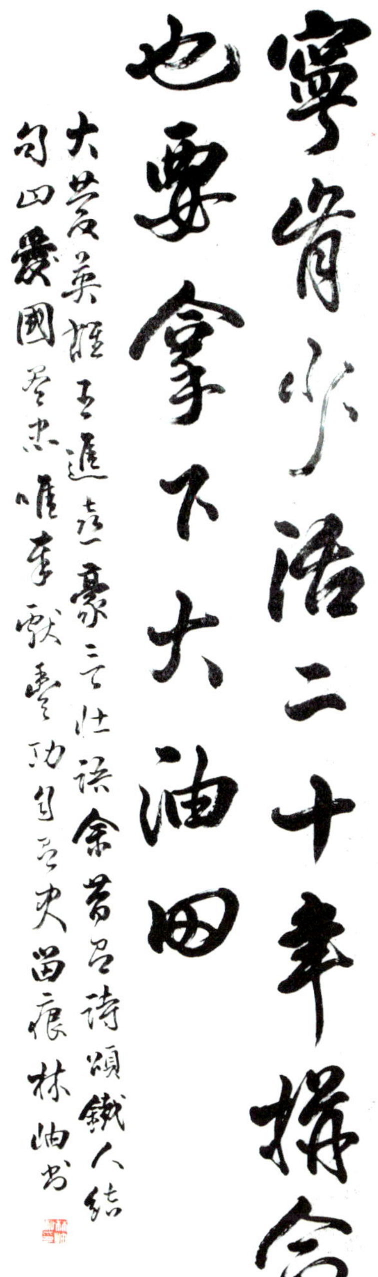

寧肯少活二十年
也要拿下大油田

大慶英雄王進喜一豪言壯語余曾以詩頌鐵人結
句曰愛國丹忠唯奉獻豐功自有史留痕 林岫书

↑ 宁肯少活二十年，拼命也要拿下大油田

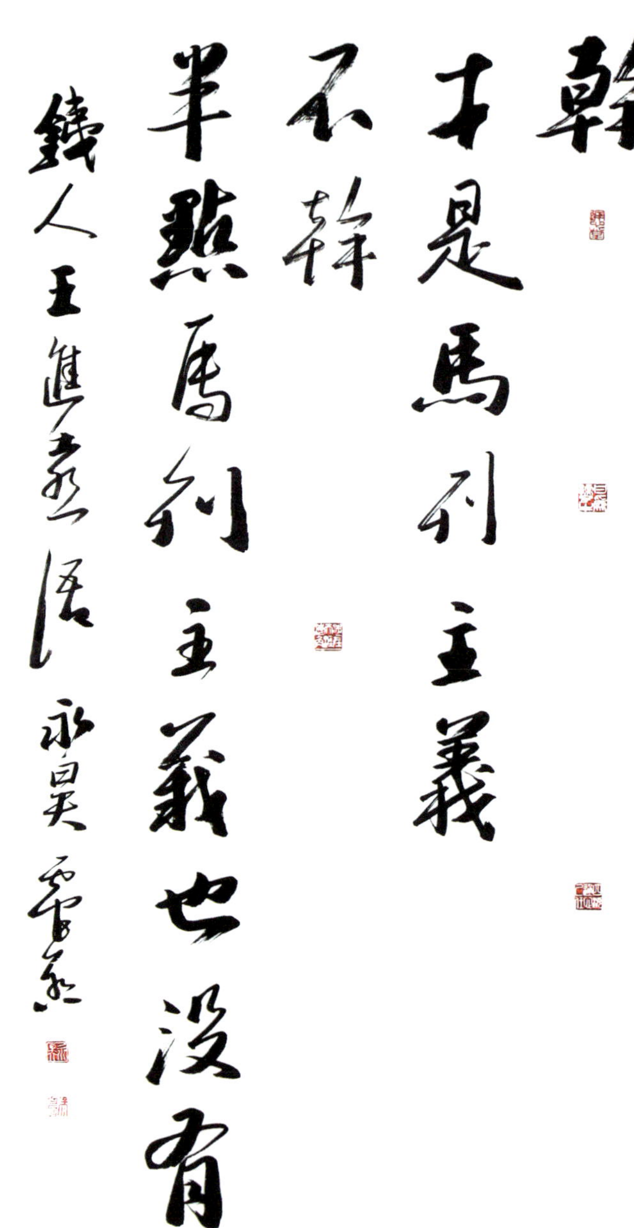

↑ 干，才是马列主义；不干，半点马列主义也没有

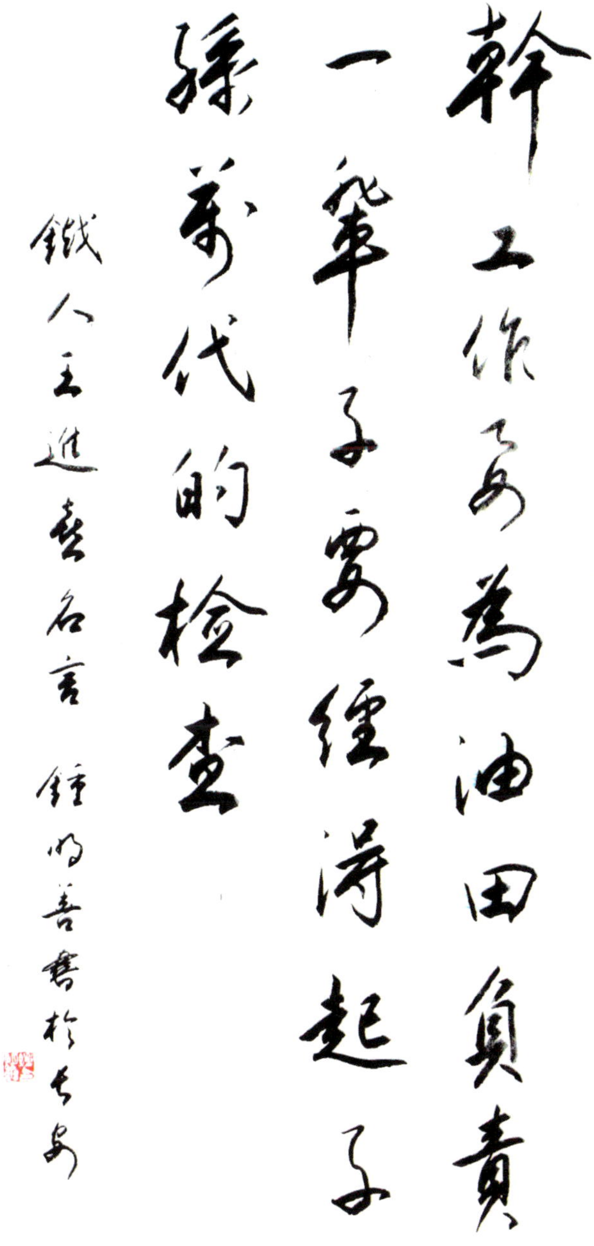

幹工作要為油田負責
一輩子要經得起子
孫萬代的檢查

鐵人王進喜名言 鍾明善書於長安

↑ 干工作要为油田负责一辈子，要经得起子孙万代的检查

↑ 公家的东西一分也不能沾

↑ 我这一辈子就是要为国家干好一件事，快快发展我国的石油工业

第十篇

大庆红旗是红的！不是黑的

不畏艰难捍卫大庆红旗

1966 年 2 月，王进喜同志被中央组织部任命为大庆石油会战指挥部副指挥，已经成长为油田领导干部。但是，由于种种原因，任命文件没有下发。1966 年 10 月 7 日，王进喜带领几名报捷团成员从北京回到大庆。他发现由于“文化大革命”的原因，此时大庆油田各级党组织已基本无法工作，油田领导和科技人员已靠边站，油田生产已处于无人管理状态。

面对这种局势，王进喜心急如焚，经过反复思索，决定去北京石油部找党组织汇报情况，商量解决办法。1967 年元旦，他带着一名工作人员来到石油部办公大楼，那里同样是一片混乱，没找到想要找的人。怎么办呢？王进喜决定去找周总理。

1967 年 1 月 4 日下午 5 时，周总理派车接王进喜。在国务院的一间小会议室里，王进喜向周总理汇报了大庆油田的情况。针对石油战线的问题以及大庆的问题，1 月 8 日下午 4 时，在北京工人体育馆，周总理和其他领导同志接见了石油系统的职工群众代表。在讲话中，周总理肯定了石油战线的成绩，指出了指挥员的领导作用，特别强调工矿企业不能停产。王进喜得到周总理的指示，又听了讲话，吃了一颗“定心丸”，也服了一服“清醒剂”，心里有了数。

王进喜回到大庆，大庆油田形势看起来更加严峻，感到贯彻周总理的指示和讲话精神刻不容缓。1967 年 1 月 13 日，王进喜在大庆油田传达周总理指示，贯彻周总理讲话精神。

王进喜说：“有一个问题要说清楚，但不是说的我自己。王进喜是铁人是泥人问题不大，我才值几个钱。但大庆油田必须肯定，她是我们广大干部、工人、家属苦干6年干出来的。大庆就是毛主席树立的一面红旗。”王进喜的一席话，激起了一阵热烈的掌声。

1967年1月25日，王进喜到总机厂宣传周总理的指示精神，受到了不公的对待。王进喜说：“大庆红旗是几万名干部、工人干出来的，是毛主席亲自树立的，永远是红的。你就是把刀架在脖子上，我也不承认是黑的。”

王进喜受到了不公的对待，周总理听到消息，眼里流下了伤心的泪水，他决定请示毛主席，对大庆实行军事管制。在周总理的关怀下，王进喜被保护起来，但他想的还是大庆油田的生产。

周总理强调指出：“铁人是大庆红旗的模范代表，怎样对待铁人不是他一个人的问题，关系到大庆，关系到一大批劳模标兵。”讲到这儿，周总理非常严肃地说：“今天我当众郑重宣布，王进喜的问题是清楚的。以后他由大庆军管会管。一切涉及他的活动需经军管会同意。”可是，这个“宁肯少活20年，拼命也要拿下大油田”的铁汉子，想的是油田生产没人管，钻井前线乱糟糟，可咋办呀！他心急如焚，怎么也待不下去，避开警卫战士的视线，毅然回到了钻井指挥部新驻地——八百垧，参加了钻井指挥部成立的主管生产的“一线班子”，弟弟王进邦找到他说：“你怎么不接受教训呀你！”王进喜一听弟弟这样说，心里来了气，他大声说：“你也是个念书的人，怎么能说这种话。你说说，现在形势这么乱，事情这样多，你不干，他不干，叫谁干？”

“虽九死其犹未悔。”王进喜为了党的事业，坚定信念不动摇，远大理想不改变。

← 王进喜（站立者）始终以顽强的意志坚持斗争为党工作

→ 王进喜（后排站立者）深入井队动员职工坚持生产

↑ 1967 年 1 月 8 日，周总理在北京体育馆接见石油系统群众代表时，充分肯定大庆的经验。返回大庆后，王进喜（右五）在各种会议上传达周总理讲话精神，强调“大庆生产一天也不能停”

↑ 王进喜在大会上讲话

旗帜鲜明解放领导干部

1969 年 2 月，中共大庆党的核心小组成立，王进喜担任副组长。同年 4 月，党的九大在北京召开，作为大庆人的代表，王进喜参加了这次大会。令他想不到的是，自己成为主席团成员。最后，还当选中央委员。

会议期间，周总理到黑龙江省代表团参加讨论，听取汇报。休息时，周总理找到王进喜，问了大庆的情况，特别问了大庆工委领导干部解放的情况。周总理说："当了中委就有了责任。大庆地位很重要，回去要抓紧工作，要尽快把工委主要领导干部解放出来。"听了周总理的嘱托，王进喜再一次感到自己肩上的担子越来越重了。

王进喜坚持先易后难，从身边做起，坚持做解放干部的工作。李虞庚说："党的九大以后，铁人找我谈情况，我看见他的小本子上记了一大堆名字，有大庆工委主要领导，有二级单位的，比如韩荣华、孙敬韬等，还有基层单位的，如刘兴俭等。他还对我说，'你看看这个刘兴俭，是工人出身的试井工程师，技术过硬有绝招，是当年余部长用飞机接来的，可现在不用了，去放牛了。多可惜呀'。"

↑ 李虞庚

韩荣华说："一天，王进喜作为中央委员，到水电系统找到军代表，了解我的情况。王进喜对军代表说，‘韩荣华原是 1202 钻井队指导员，在钻井时我们一起工作，表现很不错，建议你们抓紧时间解放’。那次没让见面，但因他做了工作，不久就让我出来工作了。”

1970 年，王进喜带领大庆油田慰问团来到江汉油田，会见了武汉军区和湖北省的领导人，传达了周总理关于尽快解放石油系统领导干部的指示，并同康世恩、焦力人等人一起研究了具体工作。王进喜还同焦力人一起看望了在江汉油田的石油部副部长唐克、钻井指挥李敬等人。王进喜握着李敬的手说：“你要坚持住，我想法儿把你的情况报告给康部长。”同时，列出了一份解放干部的名单，希望武汉军区在一周内解决问题。十几天的慰问之行，刮起了一股解放干部的旋风。

↑ 王进喜在大庆领导干部会议上发言

原石油部副部长李敬回忆铁人在江汉油田解放老干部情况

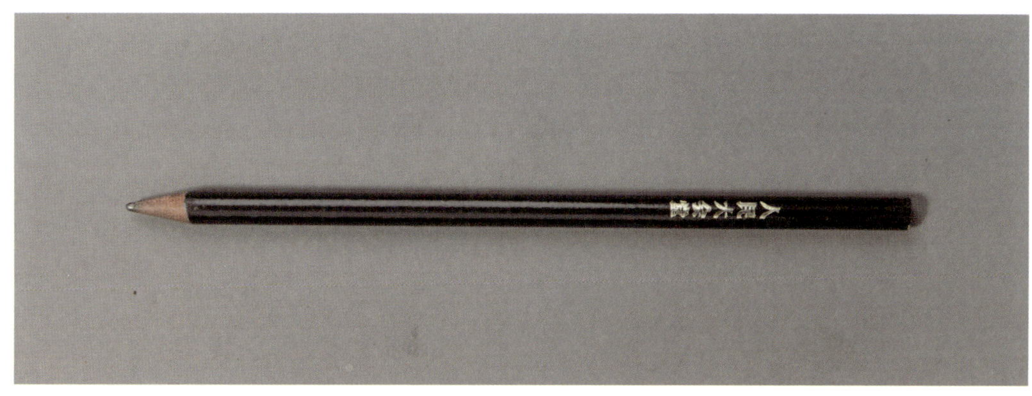

1969 年 4 月 1 日王进喜参加党的九大时用的铅笔
（国家一级文物 大庆铁人王进喜纪念馆收藏）

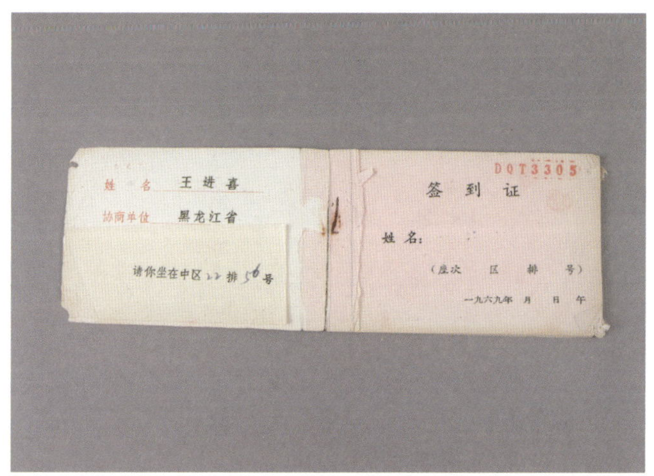
姓　名　王进喜
协商单位　黑龙江省
请你坐在中区 22 排 56 号

DQT3305
签到证
姓名：
（座次　区　排　号）
一九六九年　月　日　午

1969 年 4 月王进喜参加党的九大的出席证
（国家一级文物 大庆铁人王进喜纪念馆收藏）

1969 年王进喜戴的毛主席像章
（国家一级文物 大庆铁人王进喜纪念馆收藏）

↑ 王进喜刻苦地学习

燃烧的生命之火

1970 年 4 月，全国石油工作会议在玉门召开，王进喜参加会议，并作了报告，讲了大庆的形势，也提出了他对全国石油工业发展的设想。他说："我国有 7 亿人口，如果能生产 3.5 亿吨石油，就实现了全国每人每年半吨油。我国是富油国，应当有这个志气，有这个理想。"王进喜还讲了他"全国要再建 100 个地震队，100 个钻井队，省省有油田，管线连成网"的理想。

可是，万万没想到的是，藏在王进喜体内的病魔发作了。4 月 17 日，在周总理的关怀下，王进喜离开玉门前往北京，住进了 301 医院。经多次检查会诊，铁人被确诊为胃癌晚期。

当医生把诊断结果和手术方案告知王进喜时，铁人却平静而乐观地说："癌症也是个纸老虎。我坚决听从领导和医院的安排，一不怕苦，二不怕死。告诉医生大胆治，治好了我回大庆再干它 20 年，治不好他们也可积累些经验。请大家放心！"在场的人都为他这大无畏的英雄气概所感动。

手术方案得到周总理批准后，301 医院于 5 月 4 日为王进喜做了胃切除手术。

铁人住院期间仍然心系油田工作，他说出院要干三件事：一是到大寨去参观一下；二是给钻井队配车；三是回大庆召开万人大会解放干部。周总理知道了王进喜不安心养病，就来看他，并说："你现在的任务就是安心养病，工作等治好病养好身体再干。你想念大庆的同志，可以让他们分期分批来看你嘛！"

1970 年国庆节刚过，铁人的病情急剧恶化。弥留之际，他想到的是党的利益和把自己养大的母亲！

一天，铁人用颤抖的手取出一个小纸包，交给探望他的一位领导同志。小纸包里面是他住院后各级组织补助给他的500元钱，还有一张记账单。他说：“请组织把它花到最需要的地方去，我不困难。”这笔钱在当时可不是个小数目，铁人家上有老、下有小，这样的家庭是多么需要补助啊！可他心里装的永远是组织和群众，唯独没有他自己。

随着癌细胞的扩散，病情加重，铁人更加思念亲人，尤其想念老母亲。想着母亲一生吃苦受累，没享过什么福，他内心感到愧疚。有一天，他强撑病体，把积攒的300元钱交给了弟弟王进邦，断断续续地说：“看情况，我可能看不到咱妈了。妈这一辈子很苦，我回不去了，你就用这点钱为我尽尽孝道吧。”他还嘱咐家人不要向组织提任何要求。

1970年11月15日23时42分，铁人王进喜永远地离开了我们。11月18日下午，在北京八宝山革命烈士公墓，举行了“向王进喜同志告别仪式”，王进喜的骨灰被安放在北京八宝山公墓正堂一室。

1970年11月19日上午，大庆举行了隆重的追悼大会，大庆的干部、职工、家属、解放军指战员和学生代表1000多人沉痛悼念铁人王进喜同志，同时还发出了《关于宣传和学习铁人王进喜同志的决定》。

铁人用永不熄灭的生命之火点燃了中国“石油之光”，也点燃了我们滚烫的心。祖国不会忘记，人民不会忘记，他为中国石油工业发展立下的不朽功勋。他的精神永存！

王进喜胸怀全国，他主张支援新油田开发建设，要人给最优秀的，要物给最好的，要设备给成套的。图为王进喜（右）和工人一起检查支援新区的设备

1970 年 2 月，王进喜以中央委员的身份带领大庆油田慰问团来到江汉油田慰问，了解支援会战工作落实情况，同时做了大量解放干部的工作。图为王进喜（左一）在向工人了解江汉油田情况

↑ 1970年4月5日，全国石油工业会议在玉门召开，王进喜作为特邀代表参加了此次会议。他在大会上发言时提出，要快速发展中国石油工业，争取早日实现全国原油年产量上亿吨、在世界上排名前列的目标

301医院主治医师高连永回忆铁人住院治疗情况

↑ 玉门会议期间，王进喜（中）回到了阔别 10 年的家乡，他走乡串户，向乡亲们了解生产生活情况，希望家乡多种树，多修路，多搞农副，并希望家乡父老早日富起来

王进喜一心扑在工作上，难得与家人在一起。图为1970年7月，妻子王兰英（右）及长子王月平（左）、小女儿王月琴（前）来北京看望住院治疗的王进喜时合影。这也是王进喜一生中唯一一次和妻子、孩子上街游玩

1970年10月1日，王进喜（前排右二）抱病参加国庆观礼，以中共中央委员身份在天安门城楼上检阅游行队伍。在天安门城楼，他遇见了邓颖超。邓颖超关切地询问他的病情，他乐观地说："等病好后，一定回大庆再干它20年，争取早日实现大庆年产油4千万吨、全国年产油1亿吨的奋斗目标。"

第十一篇

周总理关爱：“铁人是英雄人物，值得纪念”

大会战中关注铁人

根据铁人王进喜纪念馆统计，铁人王进喜一生见到周总理有30次，主要集中在1959年到1970年。作为一名石油工人、全国劳动模范，短短的11年时间里见到周总理那么多次，足见周总理对铁人王进喜的情义，也足见他对劳模的关爱。

周总理曾经三次视察大庆油田，前两次分别在1962年6月和1963年6月，因为周总理的工作重点在大庆的全局规划发展上，两人并没有近距离接触。但王进喜早在玉门时，就是全国著名的劳动模范，1960年会战伊始，又以“铁人”的称号一举成名。应该说，王进喜的大名周总理早有耳闻。

1964年12月，王进喜出席三届全国人大一次会议。会议期间，他受到了周总理的亲切接见。12月26日，毛主席过71岁生日，请王进喜等四位劳模一起吃饭，就是周总理负责接待的。

黑龙江省海伦县的剪纸艺术具有悠久的历史，是国家非物质文化遗产，得到了很好的保护和传承。1964年，黑龙江省海伦县文化馆以大型音乐舞蹈史诗《东方红》为素材，集体创作的剪纸作品在《黑龙江日报》上发表，在《人民日报》上选登。后来，又精选了18幅剪纸艺术作品到北京展出，周总理观看了展览。展出结束后，参展方选了三幅作品送给周总理。周总理后来把自己最喜欢的一幅作品《葵花向太阳》，赠送给了铁人王进喜；把另外两幅作品《飞渡天险》《到敌人后方去》，赠送给了北海舰队。

1966年5月3日，周总理陪外宾第三次到大庆视察。当他得知1202钻井队和1205钻井队要年钻5万米时，非常高兴，在1202钻井队的钻台上，铁人王进喜手扶刹把为外宾做了起下钻表演。表演完，铁人对周总理说：“您上次来，钻机用的是柴油机，现在改成电动机了，快多了。”周总理握住王进喜的手，对他说：“你们两个队打上5万米时给我发电报，我一定替你们向毛主席报喜。国务院要鼓励你们！”参观完临离开时，周总理又一次嘱咐王进喜一定要带领工人好好打，上了5万米要向他报告。

周总理的关怀给两个队的工人以巨大的鼓舞，到1966年8月18日，他们双双打上了5万米，超过了苏联功勋队，实现了年初提出的奋斗目标。

按照周总理的指示，石油部成立了报捷团，铁人是报捷团团长。1966年9月29日下午，周总理接见了报捷团并举行座谈会。座谈时，铁人就蹲在总理的面前，拿着报捷团成员的花名册给总理看。座谈结束时，有些紧张的铁人把铝盔落在地毯上，周总理拿起铝盔戴在铁人头上说：“小王，给你戴上。”铁人不好意思地笑了。报捷后，铁人被安排在中南海住了三天。10月1日晚上10点多，周总理来看铁人，说：“我是代表党中央、毛主席来看你的，这也是查查铺被嘛！”当时，毛主席给铁人送了芒果，周总理送了梨。周总理知道铁人的胃不好，在中南海期间，有一顿饭的馒头有点黏，周总理还为此批评了邓大姐。

王进喜一生见到周总理次数明细

<table>
<tr><th>时 间</th><th colspan="2">事由及地点</th><th>次数</th></tr>
<tr><td>1959 年 10 月 1 日</td><td colspan="2">王进喜进京参加国庆观礼，在天安门观礼台上</td><td>1</td></tr>
<tr><td>1962 年 6 月 21 日</td><td colspan="2">周总理第一次视察大庆油田时</td><td>1</td></tr>
<tr><td>1963 年 6 月 19 日</td><td colspan="2">周总理第二次视察大庆油田时</td><td>1</td></tr>
<tr><td rowspan="3">1964 年 10 月 1 日</td><td rowspan="3">王进喜进京参加国庆观礼</td><td>在人民大会堂国庆宴会上</td><td>1</td></tr>
<tr><td>接受党和国家领导人接见并留影</td><td>1</td></tr>
<tr><td>登天安门城楼参加国庆观礼</td><td>1</td></tr>
<tr><td rowspan="4">1964 年 12 月</td><td rowspan="4">王进喜进京出席三届全国人大一次会议</td><td>在会议开幕式上</td><td>1</td></tr>
<tr><td>在会议闭幕式上</td><td>1</td></tr>
<tr><td>12 月 26 日与周总理共同出席毛主席 71 岁生日宴会</td><td>1</td></tr>
<tr><td>会议期间周总理单独接见王进喜</td><td>1</td></tr>
<tr><td>1966 年 5 月 3 日</td><td colspan="2">周总理第三次视察大庆油田时，观看了王进喜起下钻表演，嘱咐王进喜要带领井队打上 5 万米</td><td>1</td></tr>
<tr><td>1966 年 7 月</td><td colspan="2">王进喜访问阿尔巴尼亚期间，在地拉那受到周总理接见</td><td>1</td></tr>
<tr><td rowspan="2">1966 年 9 月 29 日</td><td colspan="2">石油部组织报捷团到北京向党中央报捷，王进喜任团长。当天下午，王进喜向周总理报捷</td><td>1</td></tr>
<tr><td colspan="2">报捷后，王进喜参加周总理主持的座谈会。会后，周总理还与王进喜单独谈话</td><td>1</td></tr>
<tr><td rowspan="2">1966 年 10 月 1 日</td><td colspan="2">王进喜与石油系统报捷团部分成员参加国庆观礼，在天安门城楼见到周总理</td><td>1</td></tr>
<tr><td colspan="2">王进喜观赏焰火表演，在天安门城楼</td><td>1</td></tr>
<tr><td>1966 年 10 月 2 日</td><td colspan="2">王进喜被安排住在中南海，周总理晚间看望王进喜</td><td>1</td></tr>
<tr><td>1967 年 1 月 4 日</td><td colspan="2">王进喜进京向中央反映大庆情况，周总理单独接见王进喜并听取汇报</td><td>1</td></tr>
<tr><td>1967 年 1 月 8 日</td><td colspan="2">周总理在工人体育场接见石油系统职工代表，王进喜参加</td><td>1</td></tr>
<tr><td>1967 年 3 月 24 日</td><td colspan="2">周总理在北京接见大庆军管会主任安怀、王进喜和群众代表</td><td>1</td></tr>
<tr><td>1968 年 10 月 1 日</td><td colspan="2">王进喜到北京参加国庆观礼，在天安门城楼上见到周总理</td><td>1</td></tr>
<tr><td rowspan="5">1969 年 4 月 1—24 日</td><td rowspan="5">王进喜进京参加党的九大</td><td>在开幕式上</td><td>1</td></tr>
<tr><td>在闭幕式上</td><td>1</td></tr>
<tr><td>参加选举大会见到周总理</td><td>1</td></tr>
<tr><td>在党的九届一中全会上</td><td>1</td></tr>
<tr><td>党的九大期间周总理单独接见王进喜</td><td>1</td></tr>
<tr><td>1970 年 2 月</td><td colspan="2">周总理请王进喜观看阿波罗登月的纪录片，嘱咐王进喜去江汉油田慰问、回访</td><td>1</td></tr>
<tr><td>1970 年 3 月 18 日</td><td colspan="2">周总理接见王进喜，听取大庆油田情况汇报，并在汇报材料上批示大庆要“恢复‘两论’起家基本功”</td><td>1</td></tr>
<tr><td>1970 年 10 月 1 日</td><td colspan="2">王进喜以中央委员名义登天安门城楼检阅游行队伍见到周总理</td><td>1</td></tr>
<tr><td>1970 年 10 月</td><td colspan="2">王进喜在 301 医院住院期间周总理看望王进喜</td><td>1</td></tr>
<tr><td>1970 年 11 月 15 日</td><td colspan="2">王进喜病危时，周总理赶到医院去看望，可惜晚了几分钟，终成遗憾</td><td></td></tr>
<tr><td colspan="3">王进喜一生见到周恩来总理次数总计</td><td>30</td></tr>
</table>

周总理送给王进喜的《葵花向太阳》剪纸
（国家一级文物 大庆铁人王进喜纪念馆收藏）

特殊年代保护铁人

“文化大革命”时期，铁人王进喜面对不公的对待，铁骨铮铮地说：“大庆红旗是毛主席亲手树立的，永远是红的。你就是把刀架在脖子上，我也不承认是黑的。”

周总理一直关心着大庆油田，关心着铁人王进喜。一次，石油部的几个部长到周总理那里开会，当汇报王进喜受到不公的对待时，周总理说：“大庆是毛主席树立的红旗，王铁人是大庆红旗的模范代表，他对发展中国石油有功。”

此后，周总理开始谋划着对大庆实行军事管制，并得到党中央和毛主席的批准。1967 年 2 月 5 日，受沈阳军区指派，担任大庆军管会主任的黑龙江省军区副司令员安怀到北京向周总理请示工作，接受任务。周总理告诉他，大庆军管的任务主要是保卫油田安全，保卫油田生产。周总理又对他说：“还有一件事情，你要办好，回去把徐今强、王进喜要出来，让他们到北京来，我们要把他们保护好。”

2 月 9 日，农历大年初一，安怀率领部队进驻大庆。他把工作安排就绪后，就专门派人寻找徐今强、王进喜。

这时候，王进喜住在井下的一所小学校里。有一天，安怀派人找王进喜，并把他拉上汽车，送上前往北京的火车。同车的还有徐今强等人。1967 年 2 月 26 日下午，主管石油工业的国务院副总理李富春接见了王进喜和石油部机关及大庆的群众组织代表。又过了几天，接到国务院通知，安怀带领徐今强、王进喜和代表们到国务院一个会议室等候周总理接见。

周总理听完各方面汇报，发表了有针对性的讲话。他强调，大庆是毛主席树立的一面红旗，可不能出问题；接着讲了对大庆实行军事管制的目的和意义，要求一定要坚持抓革命促生产，决不能影响油田生产和建设。周总理当众宣布，王进喜以后由大庆军管会管，一切涉及他的活动须经军管会同意。

周总理接见完，安怀趁热打铁，做了群众代表的工作，对铁人的保护做了周密安排。当征求大家意见时，铁人说：“我个人没啥好说的了，就是油田生产太让人担心。”安怀为铁人心怀大局的精神所感动，对他说：“老王呀，这个问题很复杂，得一步一步来，不要着急！”

在周总理的不懈努力下，1967 年 3 月 23 日，中共中央、国务院和中央军委联合发出《关于大庆油田实行军事管制的决定》，要求油田广大职工必须坚守生产岗位，保证生产、建设、科研、设计工作的正常进行。周总理在这份文件的开头还特意加上了“大庆油田是在伟大的毛主席思想哺育下成长起来的我国工业战线上的一面红旗”这句话。

1970 年 11 月 15 日，铁人王进喜与世长辞。周总理得知这个消息时正在开会。会后，周总理赶紧来到 301 医院，并说：“我来晚了。”“铁人王进喜是个英雄人物，值得纪念。”周总理流下了眼泪。后来康世恩回忆说：“我一生见过总理流过三次泪，为王进喜流泪是其中的一次。”

在铁人王进喜纪念馆第三展厅，有一张照片，反映的是铁人与周总理对坐交谈，而石油部领导康世恩坐在沙发桌后面。这是因为周总理害怕铁人再受到不公的对待，就说：“铁人来开会，让他坐在我身边。别人看见了，他的日子会好过些。”

关键时刻听取汇报

“文化大革命”时期，大庆油田出现了十分混乱的局面，导致生产指挥系统陷入瘫痪状态。面对大庆油田的这种情况，1967 年 1 月 4 日，王进喜在北京向周总理作了汇报。1 月 8 日，周总理在北京工人体育馆接见了石油系统的职工群众代表，讲明中央的态度，动员大庆油田职工回到各自的岗位上去，把石油生产搞好。

此时，大庆油田的地上事故不断。继炼油厂加氢装置爆炸之后，连续发生橡胶库着火、输油联合站着火、大菜窖着火等事故。此外，大庆油田地下形势出现了未曾有过的“两降一升（地层压力下降，原油产量下降，地下含水上升）”的危险局面。

王进喜看在眼里，急在心上。1970 年 1 月，石油部军管会在北京召开石油系统抓革命促生产会议。会议期间，周总理请王进喜到中南海去看阿波罗宇宙飞船登月的纪录片。王进喜借机汇报了大庆油田面临的困难局面。周总理边看电影边对王进喜说：“你说的大庆情况我已经知道了。详细的情况你们准备一下，叫石油部写一个报告。有时间，我邀请你们再谈一次。”

从 3 月 10 日开始，王进喜、任云峰和王星及军管会办事组的温厚文一起碰情况，出思路，认真准备报告。3 天后，温厚文写出报告初稿，让王进喜、任云峰等审阅。王进喜对这份报告十分重视，一遍一遍地看，字斟句酌地改。

报告定稿以后，把标题拟为《当前大庆油田主要情况报告》，签发日期为 1970 年 3 月 17 日。以石油部军管会的名义上报到国务院和周总理。《当前大庆油田主要情况报告》送上去的第二天，周总理就接见了大家，并对大庆工作做了重要指示和批示。其中十分重要的第一条批示是，在“加强领导班子建设”一段的旁边写了“恢复‘两论’起家的基本功”十个字。

当时，对铁人在“文化大革命”时期的独特作用和作出的贡献，广大干部群众看得清、认得准，给予了很高的评价。为王进喜整理报告的温厚文说：“这个报告完全是铁人提出和引起的，没有他，大庆问题反映不到总理那去。周总理的批示，抓住了当时大庆的要害问题。这就是铁人的历史功绩。”“整个汇报中有一特点，就是铁人只字不提个人，想的完全是大庆的安危、油田的命运。”

周总理的指示和批示，对排除干扰，扭转局势，保卫大庆油田有着极其重大和深远的意义。大庆广大干部工人，继承会战优良传统，奋发大干，到1970年底，地下形势开始好转，到1971年末基本扭转了地下的被动局面，油田开发再次走上正常轨道，全年产油达到2669.13万吨，为大庆后来年产五千万吨打下了基础。

↑ 1970年3月，王进喜（右一）和任云峰（右二）一起去北京汇报情况

周总理交代铁人拍纪录片

全国政协四届一次会议期间，上海电影局的局长、著名导演和编剧张骏祥向周总理汇报了要去大庆创作拍摄一部以石油大会战为题材的故事片。周总理说："拍大庆故事片很好，但你们不大了解大庆人，马上拍恐怕不行，要把编、导、演、摄影、美工都带去，先拍一部艺术性纪录片，在半年之内拿出来。现在大家都知道拿下了大油田，但是不知道大庆人是怎样艰苦创业的，你们马上搞出一部纪录片来，让大家知道大庆会战是怎么搞的。"

张骏祥提出，大庆会战一些重要事件没有留下视频资料怎么办。

周总理说："你们可以像《军垦战歌》那样，重要的事件如果当事人还在，可以补拍，把过去做过的事情再重新做一遍。"

周总理最后指示，大庆的艺术性纪录片的剧本创作拍摄要搞"三结合"，吸收大庆人参加。

1965年10月的一天，张骏祥与大庆油田宣传部长徐文野一起商议组建联合摄制组的事宜，希望大庆的同志不仅要支持，而且要参与，共同完成好周总理交办的拍摄任务。

大庆石油会战的一些重要事件，如王进喜带领1205钻井队工人人拉肩扛运钻机、破冰取水保开钻、带伤跳泥浆池压井喷等，因为没有原始视频资料，需要补拍，摄制组要求铁人王进喜参加。

正常情况下，这是一件十分荣耀的事儿，王进喜没有理由拒绝。但张骏祥还是希望徐文野跟王进喜说一下。

当时，王进喜是钻井指挥部的副指挥。他经常说："我是个普通工人，没啥本事，就是为国家打了几口井，一切成绩和荣誉都是党和人民的，我的小本本上只能记差距。”由此可以看出，王进喜是十分低调、谦虚谨慎的，他能够清醒地看待自己取得的成绩和荣誉，是党多年培养教育的结果，没啥值得炫耀的。所以，当徐文野和他说拍摄的事情时，王进喜显得很犹豫，最后还是拒绝了要求。他觉得，自己做的那点事儿，离党和人民的要求还差得很远呢。

徐文野把情况和油田主要领导徐今强说了之后，徐今强找到王进喜，问他为啥不参加拍摄任务？王进喜十分为难，不好意思地看着徐今强说：“我那点儿事儿，有啥可值得宣传的。”徐今强严肃地说：“这是政治任务，不是你一个人的事儿，是为了宣传大庆油田，鼓舞全国人民的斗志。”王进喜低着头没吱声，徐今强又说，让他参加拍摄任务，也是周总理的意思。王进喜抬起头激动地说：“既然这是政治任务，没啥说的，我参加。”

徐今强望着王进喜义无反顾远去的背影，心里不由得感慨：“多好的同志啊。”

王进喜参加补拍大庆石油会战伊始的“人拉肩扛”“端水打井”“跳泥浆池”“万人大会”等情节，只要导演把意图讲清，他马上心领神会，领上工人“演”起来跟当时一模一样，几乎次次成功，不用重拍。看过样片，张骏祥感慨地说：“铁人不单是优秀劳动者、讲演家，还是表演天才。只可惜他痴迷打井，一心为油，这方面才能得不到发挥！”

↑ 1965年，著名电影导演张骏祥（左）来大庆油田拍摄艺术纪录片《大庆战歌》时与王进喜（右）合影

第十二篇

良师挚友：铁人是大会战的第一个英雄

余秋里："这就是铁人王进喜，大会战第一个英雄"

余秋里和铁人的友谊，始于王进喜在玉门油田担任钻井队长时。1958 年 7 月，上任不到半年的石油部部长余秋里从四川到玉门召开现场会，动员群众开展技术革新和技术革命。听了王进喜争上白杨河、大闹调度会的事，余秋里亲自到贝乌 5 队的井场视察，见了王进喜说："你这个名字好。进喜，进喜，叫咱们石油部也进点喜嘛！"

"不安于现状，不拘于常规，奋发思变。"是余秋里那个时候，对钻井闯将王进喜的评价。

1960 年 4 月初，大庆石油会战第三探区指挥宋振明向余秋里汇报：有井队刚到大庆就做好了开钻准备，会战的第一口井要开钻了。这个消息让余秋里很是振奋，连忙追问是哪个钻井队？宋振明说："是来自玉门的钻井队，队

↑ 余秋里

长叫王进喜，指导员叫孙永臣，他们不等不靠，人拉肩扛把钻机在井场安装就位，队长王进喜连续几天不离开井场，玩儿命大干！当地老乡们从没见过这么拼命有干劲的人，给他起了个绰号叫‘铁人’！”余秋里觉得，这是敢于和敌人拼刺刀的战斗意志，当即表态：“这就是铁人王进喜，大会战第一个英雄。”

4 月 11 日，在安达召开的第一次技术座谈会上，余秋里着重向大家介绍了王进喜的事迹和“铁人”称号的来历，并亲自带头振臂高呼：“向铁人学习，人人争做铁人。”4 月 29 日，在万人誓师大会上，余秋里再次号召 4 万名会战职工“学铁人、做铁人，为会战立功，高速度、高水平拿下大油田”。

当地老乡叫铁人，会战领导树铁人，大会号召学铁人，铁人王进喜成为大庆石油会战的第一面旗帜。

1996 年 10 月《余秋里回忆录》出版。在回忆录中，余秋里说：“铁人王进喜是石油战线的光辉榜样，也是中国工人阶级的优秀代表。他为新中国石油工业奋斗了一生，作出了重要贡献。王铁人离开我们已经 20 多年了，我们深深地怀念他。他给我们留下的‘铁人精神’是石油职工的宝贵财富。‘铁人精神’概括地说，就是‘为国分忧，为民争气’的爱国主义精神；‘宁肯少活二十年，拼命也要拿下大油田’的忘我精神；‘有条件要上，没有条件创造条件也要上’的艰苦奋斗精神；‘干工作要为油田负责一辈子，经得起子孙万代检查’的认真负责精神；‘不计名利，埋头苦干’的无私奉献精神；‘当了干部还是钻工，永做普通劳动者，廉政奉公’的公仆精神；‘同志间相互关心，互相帮助’的团结友爱精神等。”

李聚奎说：“王进喜，别人都在晒钻杆，你们还打了这么多井，真不赖”

↑ 李聚奎

李聚奎，1955 年 7 月担任石油部首任部长。

1957 年，国民经济遇到困难，一些从罗马尼亚等国家进口的物资进不来，玉门油田钻井材料暂时供应不上……贝乌 5 队队长王进喜向全钻井系统发出倡议：半年不用领导管，全年不领泥浆，一口井不领新钻头。贝乌 5 队的工人除了上班的坚持打井外，其余都参加捡旧料和修复工作，保证井上需要。就这样，贝乌 5 队 1957 年打井总进尺 6776 米，月平均钻井速度达到 716 米，受到了玉门石油管理局和地质勘探公司的表扬。

1958 年，李聚奎到玉门油田检查工作，见到王进喜。李聚奎说：“王进喜，别人都在晒钻杆，你们还打了这么多井，真不赖！”王进喜说：“打井的嘛，不想法打井干什么。我们就是要千方百计地打井，要饭也要打井！”李聚奎说：“好呀，你们没有晒钻杆，今年更要好好干！”

康世恩：“为什么会培养出铁人精神”

1960 年 4 月 9 日至 11 日首次召开的“五级三结合（部、局、指挥部、大队、基层五级，干部、技术人员、工人三结合）”技术座谈会后，树立了铁人王进喜为会战的第一个标兵。当谈到铁人精神产生的原因时，康世恩说：“这是把我们党的优良传统和解放军的建军经验用到石油工业建设中，在特定的时间、地点、环境和国内外严峻的形势下，在大会战的实践中形成和发展的。是我们这代人所能创造的最宝贵的精神财富。”

万人誓师大会后，石油部副部长康世恩到 1205 钻井队了解情况，王进喜把被钻杆砸伤的右腿用棉裤遮住，从容镇定地向他汇报工作，还领着他到处参观了一遍。事后，康世恩知道了这个情况，不由得佩服铁人的毅力。但是当铁人有了错以后，康世恩也决不因私袒护。在 1961 年 4 月 19 日召开的全

↑ 20 世纪 60 年代初，康世恩（右）与王进喜（左）在表彰会上

战区质量大会上，康世恩当着许多领导干部和群众的面，狠狠地批评了铁人工作太粗心。

1970 年 4 月，王进喜在 301 医院检查，被确诊为胃癌晚期。康世恩得知消息后，大吃一惊，马上给王进喜写慰问信。康世恩因各种原因到 10 月中旬才从江汉赶到北京。这位曾指挥过数次石油会战、向来以沉稳老练著称的老部长，含泪对几位主治大夫和专家说："无论如何要把铁人治好，你们说吧，要我怎么办？你们是总指挥，我给你们跑腿。要什么药，找什么人，你们坐镇，我去办。"他的深情感动了医生，大家组织了一个中医治癌专家医疗组，想在这最后关头，用中药创造出一个奇迹，但铁人的病情还是不见好转。

一天，铁人精神稍好，强忍着疼痛和康世恩谈了 3 个小时，主要还是大庆油田的生产情况、解放干部等。他无时无刻不惦记着大庆油田。

↑ 20 世纪 60 年代初，康世恩（左）与王进喜（右）在报捷献礼大会上

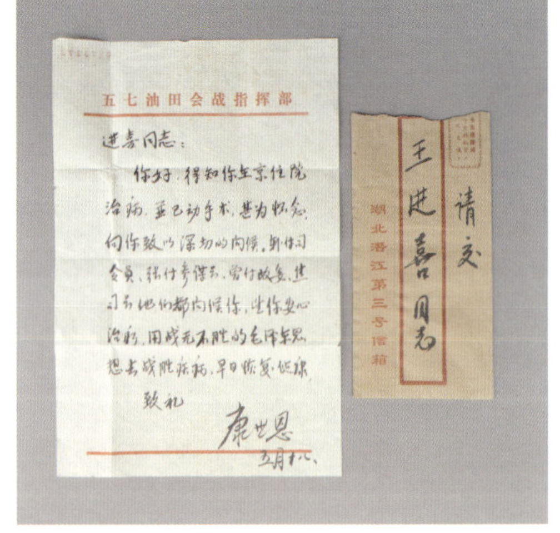

五七油田会战指挥部

进喜同志：

你好。得知你在京住院治病，并已动手术，甚为怀念，向你致以深切的问候。郭付司令员、张付参谋长、曾付政委、其它同志他们都问候你，望你安心治病，用战无不胜的毛泽东思想去战胜疾病，早日恢复健康。

致礼

康世恩

五月十八

王进喜同志 请交

湖北潜江第三号信箱

→ 1970 年 5 月 18 日，康世恩写给王进喜的慰问信（国家一级文物 大庆铁人王进喜纪念馆收藏）

宋振明："铁人的称号名副其实"

在玉门油田时，宋振明就很熟悉王进喜，了解王进喜的脾气秉性。1960年宋振明和王进喜两人一同到大庆参加石油会战，宋振明担任第三探区指挥部指挥，王进喜是第三探区钻井队队长。

王进喜到大庆后，宋振明告诉他，井位在马家窑，位于铁道南，离车站不远，也就十几华里，55号井位就在村子旁边。当时，王进喜和队里其他几个人住在房东赵大娘家。赵大娘见王进喜晚上很少回来睡觉，又在井场上看到他和钻工们的英雄行为，随口说了句"你们的队长可真是个铁人呢"，这个情况被汇报给第三探区指挥部指挥宋振明。宋振明认为房东赵大娘叫王进喜"铁人"是名副其实，又向石油部部长余秋里作了汇报。

宋振明在1205钻井队蹲点期间，帮助化解了王进喜与个别工人的矛盾，并与他谈心说："咱们干部不能简单粗暴、犯急躁病，要耐心做说服教育工作，你说'行'的意见，也让别人讲讲'不行'的建议。"王进喜把宋振明的话记在了心里，改正了自己的缺点，统一了全队的思想，在会战中屡屡取得好成绩。

王进喜佩服宋振明的领导才能，宋振明欣赏王进喜猛攻猛打的冲劲儿。王进喜逝世后，宋振明写文章追忆铁人，提倡学铁人，恢复会战传统。1990年6月，宋振明因病回到大庆治疗，住院期间口述了一首发自肺腑的长诗，题目是《万人广场作证》，回顾了他与王进喜的历历往事。

宋振明在生命的最后时刻，提出一个心愿，要求家人在自己辞世后，将一部分骨灰安葬在王进喜带领1205钻井队在大庆打下的第一口井——萨55井遗址旁的青松下。

↑ 20 世纪 60 年代初，宋振明（左）和王进喜（右）一同出席表彰大会

← 1969 年宋振明摆放在办公桌上的铁人雕像
（国家二级文物　大庆铁人王进喜纪念馆收藏）

孙敬文："提升王进喜的有也上，无也上"

1960 年 3 月 31 日，萨中指挥部召开先进队长座谈会。王进喜在会上说："眼下头上青天一顶，脚下荒原一片，要说困难可真不少。我们队几年的'小仓库'现在也没有了。但没有了也要上。有也上，无也上，脱了裤了也要上。我们一定 3 天半上千，5 天打完一口井！"这就是"有条件要上，没有条件创造条件也要上"的雏形。

4 月 2 日，1205 钻井队的钻机到达大庆的萨尔图。在没有吊车，拖拉机、汽车也不足的情况下，王进喜带领 1205 钻井队的工人，有也上，无也上，硬是靠"人拉肩扛"，把绞车、转盘等大件工具，一件一件地抬上钻台，又经过一天一夜的努力，把 40 多米高的井架在荒原上矗立起来。这是"有也上，无

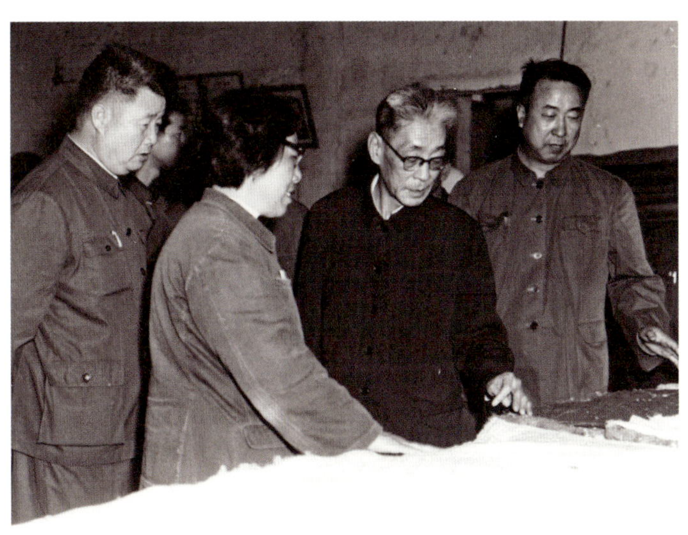

↑ 孙敬文（右二）

也上”的生动实践。

石油部部长余秋里也有类似“有也上，无也上”的思想，对王进喜的话表示嘉许。石油部副部长孙敬文觉得这样说不大科学，过分夸大了主观能动性的作用，什么也没有怎么上呢。几经研究，大家把王进喜的话完善为“有条件要上，没有条件创造条件也要上”。

“有条件要上，没有条件创造条件也要上！”成为大庆石油会战鼓舞职工士气最有力的口号，慢慢地，也成为流行全国的一句名言。2004 年，在新浪网评出的“振奋过国人的 100 句口号”中，铁人王进喜的“有条件要上，没有条件创造条件也要上！”位列第 74。

陈烈民："大会战需要铁人王进喜"

陈烈民曾担任石油部副部长、大庆油田党委书记。他是树立王进喜的见证人、实践者，负责铁人王进喜事迹的审理。

陈烈民曾满怀深情地回答了为什么要树立铁人王进喜。他说："那样艰苦的大会战，需要一个带头人。面对种种困难，领导上有了指导思想，但必须有人贯彻，有人带头干。这个人就是旗帜，就是方向。革命战争年代，打仗要有人带头冲锋陷阵，王进喜就是这个带头人。开展石油大会战，需要有人冲锋陷阵，王进喜就是大庆石油会战的冲锋陷阵的带头人！他带领大家把会战打了上去，成为大庆石油会战的第一个英雄，他为石油大会战立了大功！"

陈烈民回忆起江泽民 1990 年视察大庆时的情景：2 月 25 日，江泽民一

↑ 陈烈民

↑ 2013 年陈烈民捐献的铁人塑像（大庆铁人王进喜纪念馆收藏）

下火车，就赶往铁人王进喜家中，看望铁人的家属及其子女。他握住王进喜夫人王兰英的手说，王进喜同志为中国石油工业的发展立下了汗马功劳，人民永远不会忘记他。江泽民还说，铁人艰苦奋斗、自力更生、奋发图强的精神，各行各业都应该学习。有了这种精神，任何人想压垮我们，都是不可能的事情。

唐克："铁人关心我的解放和工作"

1960年2月大庆石油会战开始后，唐克担任会战领导小组副组长，后又任会战指挥部第一副总指挥。1982年唐克担任石油部部长。王进喜和唐克的近距离接触，要数1966年春，中国石油代表团去帮助阿尔巴尼亚搞巴托斯、钻林两个新油田设计的那段时间。唐克作为石油部勘探司司长担任中国石油代表团团长，王进喜是团员。

1970年2月，王进喜以中央委员的身份，到江汉油田慰问。在石油部

1966年6月至7月，王进喜随中国石油代表团出访阿尔巴尼亚，途经蒙古国。图为王进喜与我国驻蒙使馆张灿明大使（前排左二）等工作人员的合影（前排左一为王进喜，后排左二为石油部副部长、代表团团长唐克，前排左三为大庆家属代表陶冰华）

“五七干校”，王进喜一行十几人，在军区领导和焦力人的陪同下，在人们热烈的掌声中，于主席台就座。落座后，王进喜问主持人：“唐部长呢？”

王进喜说的“唐部长”，是指石油部副部长唐克。主持人说：“唐克在劳动，今天没安排他参加。”

王进喜坚持要求唐克参加会议，主持人没法儿，派人带唐克来。当唐克到门口时，王进喜三步并作两步冲上前，双手拉住唐克说：“唐部长请上台！”唐克死活不肯。王进喜说：“你不上台，我们怎敢坐在台上？你不上台，我们就不开会了。”唐克只好上台就座。

大会开始以后，王进喜强调要落实干部政策。他说：“干部参加劳动我拥护，可该解放的不解放我反对。唐克同志大庆会战时，是第一批上去的，他亲临一线指挥，泥里水里和大家一起干，谁不知道！回部里工作这些年干得也很出色，谁不知道。像这样的领导干部就应当快解放，早解放。我今天请他来参加我们这个会，就是欢迎他和咱们大家一样，早早出来工作！我想我的意见大家会同意的！”会场里响起一片热烈的掌声。

不久，唐克回石油部工作了。

张文彬："4·29 誓师大会是我主持的，铁人王进喜发言提出，宁肯少活二十年，拼命也要拿下大油田"

1960 年初，松辽石油会战开始后，给参加会战的各路队伍提供了一个比武竞技的大舞台。当时，张文彬带着新疆石油管理局的 5 个钻井队参战；王进喜则跟着玉门石油管理局的焦力人，比新疆石油管理局提前半个月到达大庆。4 月 1 日，松辽石油会战领导小组在安达办公，张文彬任副组长，分管勘探钻井工作，并兼任会战主战场第三探区的党委书记。新疆石油管理局、玉门石油管理局兵合一处，王进喜成为张文彬的直属部下，二人交往逐渐密切。

1960 年 4 月 29 日，张文彬担任万人誓师大会的主持人，让第三探区办公室副主任张延明给王进喜牵马入场亮相，并亲自扶王进喜下马，见证了王进喜在会上发出的那句钢铁誓言："宁肯少活二十年，拼命也要拿下大油田！"

↑ 张文彬

"文化大革命"时期，张文彬被余秋里保护起来。1970 年 3 月，王进喜到北京汇报大庆油田"两降一升"的困难形势时，特意到张文彬家中探望。张文彬听了王进喜的讲述，强烈要求出来工作，在余秋里的协调下，张文彬带领一个工作组，到大庆油田调查情况。

张文彬在晚年撰写回忆录时说：“王进喜这个典型，是我们三探区发现并培养起来的。我和领导班子成员下到井队调查研究，发现王进喜带领的队伍人拉肩扛，战胜困难，打出第一口优质井。他三天三夜奋战在井场，当地老百姓都称他是‘铁人’。我和宋振明商量后，向余秋里同志作了汇报，得到了肯定。”

战报

"战报"编辑委员会编

第 7 号

一九六〇年五月

1

庆祝伟大的五一国际劳动节！

庆祝"五一" 迎接大会战

总指挥部举行万人誓师大会

石油大会战的序幕胜利揭开

贺电

全面展开大会战 高速度高水平拿下大油田

余秋里部长在万人誓师大会上的讲话（摘要）

1960 年 5 月 1 日，《战报》刊登题为《总指挥部举行万人誓师大会》的文章

徐今强："提升铁人的思想认识层次"

1964 年初，毛主席向全国发出了"工业学大庆"的号召，徐今强撰写发表了署名文章《大庆油田企业革命化的基本经验》，将大庆精神、铁人精神与红船精神、井冈山精神、长征精神等串联成了一条红线，为大庆精神、铁人精神的诞生找到了精神源头。在这篇文章的影响下，1966 年，《工人日报》以《工人阶级的光荣形象——铁人王进喜》为标题，再一次对王进喜的英雄事迹做了报道，为王进喜被誉为"中国工人阶级先锋战士"奠定了基础。

在徐今强的言传身教和引导下，王进喜组织生产、领导科研的能力逐步走向成熟。每当提到徐今强，王进喜都会竖起大拇指，对大家称赞"那可是一位有水平的大知识分子，我这个土老帽一辈子都学不来"。

1966 年 2 月，徐今强与王进喜出席在北京召开的全国工业交通工作会议、全国工业交通政治工作会议，徐今强代表石油部作了题为《关于大庆油

↑ 徐今强

田两年来的工作情况》的报告，言简意赅地总结了大庆经验，如三老四严、四个一样、岗位责任制等，让王进喜打心里佩服徐今强的理论水平。在会议上，王进喜还作了题为《为石油事业艰苦奋斗一辈子》的工作报告，得到了与会人员的好评。

1966年10月，徐今强受到不公的对待，王进喜挺身而出为他辩护。后来在周总理关怀下，大庆油田实行军事管制，他们二人被保护起来。王进喜和徐今强一起经历过生与死、血与火的考验，双方的友谊牢不可破。在总结与提炼大庆精神、铁人精神的过程中，徐今强功不可没，他快速地提升了王进喜思想境界的层次，让王进喜从石油战线的劳动模范成为中国工人阶级的先锋战士。

孙晓风：“王铁人挺身而出，我到大庆落实周总理批示精神”

王进喜与孙晓风并不熟悉，但在1970年大庆油田生产出现极为被动的局面时，王进喜不顾个人安危，挺身而出，向石油部、向周总理汇报大庆油田的情况，这令孙晓风十分佩服，感到只有像王进喜这样优秀的共产党人才能有如此壮举，不愧为“中国工人阶级的先锋战士”。

↑ 孙晓风

当时，周总理打电话给余秋里，让他确定一个人带队去大庆蹲点。在那时的环境下派谁去合适呢，余秋里想到了石油部副部长孙晓风，直接点名让他带一个工作组，其中包括在四川工作的张文彬，一起帮助大庆油田扭转混乱局面。

孙晓风接到通知后，在困难和危险面前，他想到了铁人的勇敢精神，没有丝毫犹豫。工作组到大庆油田后，首先在各级召开会议，传达党中央的要求，使广大职工振奋了精神，明确了方向。为了扭转原油生产的被动局面，恢复大庆油田“两论”起家的基本功，孙晓风从玉门请来老工人报告团，讲传统，讲革命、生产的关系，到钻井现场亲手示范操作流程。经过耐心工作，讲明利害关系，在大庆革委会的同意下，组织了一次“八四三”会战，即抢建、抢修 843 口油水井。到 1970 年底，累计抢建、抢修油井 682 口，注水井 190 口。到 1970 年 10 月，杏树岗油田也有 3 个新区块投产，从而基本上扭转了油田产量下降的被动局面。

可以说，没有王进喜的无私无畏，没有孙晓风的坚定勇敢，大庆油田的生产被动局面不会这么快就扭转过来，他们为大庆油田开发建设所作的巨大贡献，祖国永远不会忘记。

焦力人："看到王进喜头枕钻杆，热泪盈眶"

在 1958 年石油部组织的先进钻井队"大战白杨河"劳动竞赛中，像王进喜贝乌 5 队这样的"一般"先进队，开始并没有入选。但当王进喜听说玉门参赛的队伍，被新疆的张云清钻井队压着打时，坐不住了。

在一次大队调度会上，王进喜提出要搬家上白杨河，大队长王嘉善不同意，他就去找玉门石油管理局局长焦力人。焦力人被他缠得没办法，就同意了他的请求。

为了实现钻井目标，王进喜天天围着钻台转，工作累了就睡在井旁。一天，焦力人到贝乌 5 队检查工作。他来到井场，看到工人们正在井场上、钻

↑ 焦力人（中）

台上、机房里忙碌着，但不见王进喜的身影，工作组成员、玉门勘探公司生产科长李虞庚就领他去找王进喜。

焦力人随李虞庚来到一排钻杆旁，见王进喜正在睡觉。他躺在排好的钻杆上，身下铺着一块毛毡，身上盖着光板老羊皮袄，头枕着一个牙轮钻头，在那隆隆的机器声和工人们的吼叫声中睡得很香。见此情景，焦力人这位部队转业、身经战火的老局长差点掉下泪来。他心想："一般人不会枕着钻头睡觉，就是枕了也睡不着，可王进喜睡得这么实这么香。一是他太累了，二是他对钻井着了迷。"焦力人忙把大家带走，说让王进喜好好睡会儿吧！

几十年以后，焦力人回想当年情景仍十分动情。他说："1958 年王进喜最令我感动的，一是他抛家舍业地睡在井上，这是公而忘私、艰苦创业的革命精神；二是能枕钻头睡觉、会听井下情况，这就是对工作精益求精的科学态度。有了这两条能不打胜仗吗？"

李敬："铁人带头解放干部，解放我"

1960 年 10 月，李敬任松辽石油勘探局钻井指挥部指挥时，是王进喜的直接领导，与其交往甚密。1960 年至 1966 年李敬写下 7 本日记，记载了他参加大庆石油会战的经历，也记录了他和铁人的往事、铁人的事迹、学铁人的心得体会及重要会议记录等，是非常珍贵的大庆石油会战历史资料。

1970 年 2 月，铁人王进喜以中央委员身份赴江汉油田慰问干部职工。一天，铁人在武汉军区一名副司令员和江汉会战副指挥焦力人的陪同下来到了四川参战指挥部。一进门铁人就问："李指挥哪去了？"大家一愣，这时焦力人说："他说的是李敬。"铁人接着说："是呀！李敬在大庆时是我们的钻井指挥，是我的老上级、老领导啊。"

副司令员只好派人去叫李敬。见到铁人，李敬的眼睛红了。铁人疾步上前双手扶着李敬的双肩，哽咽着说："李指挥，可让你受苦了！"

第二天，铁人对那位副司令员和其他几位领导说："我建议把李敬解放出

↑ 李敬

来，让他工作，诸位有这个胆量和决心吗？”闻听此话，一位领导为难地说：“下面反映李敬写了几十万字的日记，恐怕……”铁人抢过话题：“我知道。他的日记写的都是党中央、毛主席对石油工业的指示、讲话，还有每天为大会战干了什么事、有什么经验教训，能有什么问题啊！”

在铁人的努力下，李敬于1970年7月恢复工作，任江汉会战13团副团长，主抓生产，指挥打井，又恢复到了大庆会战时的那种状态。

季铁中："和铁人倾心相谈感情深厚"

在大庆油田萨55井的遗址里，安葬了一位与王进喜感情笃深的大庆油田领导人的部分骨灰，他的名字叫季铁中。

王进喜真正与季铁中关系密切是在1964年大庆油田政治部系统总结大庆经验时。当时，王进喜三天两头到大庆油田领导人办公的"二号院"参加会议，接受新闻记者采访，与担任大庆油田政治部主任的季铁中经常见面。

为了挖掘王进喜灵魂深处的闪光点，季铁中曾和王进喜多次进行面对面的思想交流，两人经常在不知不觉中谈到了月挂中天。由此，季铁中对铁人精神形成的主观因素和客观环境阐述得精准到位，既有社会科学的理论高度，又有广泛的群众基础。

为了总结好大庆精神和铁人精神，1965年秋天，季铁中带上行李卷亲自下到钻井指挥部的1202钻井队体验生活。当时王进喜是钻井指挥部的副指

↑ 季铁中

挥，得到消息马上赶到井队，去见季铁中。

季铁中在 1202 钻井队跟班劳动了一个多月，每天跟普通场地工一起抬钻杆、洗螺纹、捞岩屑。每次探望季铁中，王进喜都深受教育。季铁中生活中，始终保持着在部队养成的军人作风，空间狭小的野营房宿舍被他收拾得一尘不染，用了多年的军被叠得有棱有角，像豆腐块一样平整。穿戴的工作服、安全帽、皮靴虽然沾染了油污和泥水，但从不随意摆放，俨然是一个缩小版的军队营房。王进喜由衷地佩服季铁中，于是也要求各钻井队的职工都要学习解放军，以季铁中住的宿舍为样板，施行军事化管理。

“文化大革命”时期，季铁中受到了不公平的对待。遗憾的是，王进喜没有等到他彻底平反就撒手人寰，这也成了季铁中一家人心中永远的痛。

第十三篇

铁人精神，铸就中国石油魂

建党百年提出建党精神

2021年7月1日，习近平总书记在庆祝中国共产党成立100周年大会上的讲话中明确提出了伟大建党精神，阐明了其深刻内涵，指明了这是中国共产党的精神之源。习近平总书记说：

一百年前，中国共产党的先驱们创建了中国共产党，形成了坚持真理、坚守理想，践行初心、担当使命，不怕牺牲、英勇斗争，对党忠诚、不负人民的伟大建党精神，这是中国共产党的精神之源。

一百年来，中国共产党弘扬伟大建党精神，在长期奋斗中构建起中国共产党人的精神谱系，锤炼出鲜明的政治品格。历史川流不息，精神代代相传。我们要继续弘扬光荣传统、赓续红色血脉，永远把伟大建党精神继承下去、发扬光大！

↑ 2021年7月1日上午8时，庆祝中国共产党成立100周年大会在北京天安门广场举行

人民日报　　2021年7月8日　星期四　9　理论

弘扬伟大建党精神

曲青山

中国共产党百年光辉历史的全面总结

中国共产党特质的生动写照

中国共产党人精神谱系的高度凝练

新时代中国共产党人继续砥砺前行的强大动力

（作者为中共中央党史和文献研究院院长）

庆祝中国共产党成立100周年专论

↑ 2021年7月8日，《人民日报》刊发理论文章《弘扬伟大建党精神》

民族英雄永远在人民心中

青山不改，英雄永在。铁人王进喜虽然离开了我们，但他永远活在人民心中。他为我国石油工业发展做出的巨大贡献，党不会忘记，祖国不会忘记，山川和河流不会忘记，他的光辉业绩也得到了党和人民的高度评价。

↑ 大庆铁人王进喜纪念馆第四展厅版面

1989 年，中华人民共和国成立 40 周年之际，王进喜与雷锋、焦裕禄、史来贺、钱学森一起，被中央组织部誉为“建国以来在群众中享有崇高威望的共产党员优秀代表”。

↑ 大庆铁人王进喜纪念馆第四展厅版面

2000 年 10 月，新华社主办的《时事资料手册》第四期“百年中国回顾”栏目中，将孙中山、鲁迅、雷锋、焦裕禄、王进喜、李四光、毛泽东、邓稼先、邓小平、袁隆平评为“百年中国十大人物”。可以看出，这里的涵盖面比较广泛，有党和国家的领导人、功勋卓著的科技人员、文化界的旗帜人物、领导干部学习的楷模。而铁人王进喜则是中国工人阶级的先锋战士，是名普通的石油工人。

↑ 中共中央党校出版社出版的《中国共产党艰苦奋斗 100 例》

2003 年 12 月，中共中央党校出版社出版的《中国共产党艰苦奋斗 100 例》，从中国共产党多年艰苦奋斗的大量事迹中筛选出 100 个事例，从不同角度反映各个历史时期革命先辈及各行各业优秀共产党员艰苦奋斗的崇高精神和英雄事迹，诠释艰苦奋斗作为中国共产党的政治本色、精神状态和工作作风所蕴含的丰富思想内涵。铁人王进喜入选其中第五部分“苦干实干 不尚空谈”。

人民日报

RENMIN RIBAO

人民网 网址:http://www.people.com.cn
手机:http://wap.people.com.cn

2009 年 9 月 11 星期五 己丑年七月廿三 人民日报社出版 国内统一连续出版物号 CN 11-0065 第 22343 期(代号 1-1) 今日 20 版

100 位为新中国成立作出突出贡献的英雄模范人物
100 位新中国成立以来感动中国人物

双百人物评选揭晓

新华社北京 9 月 10 日电 为推动群众性爱国主义教育活动深入开展，迎接新中国成立 60 周年，经中央批准，中央宣传部、中央组织部、中央统战部、中央文献研究室、中央党史研究室、民政部、人力资源和社会保障部、全国总工会、共青团中央、全国妇联、解放军总政治部等 11 个部门联合组织开展评选“100 位为新中国成立作出突出贡献的英雄模范人物和 100 位新中国成立以来感动中国人物”活动。活动自 5 月中旬启动以来，广大干部群众积极响应、广泛参与，纷纷通过各种形式提名推荐候选人。7 月 20 日至 8 月 10 日，根据提名情况确定的 150 位为新中国成立作出突出贡献的英雄模范人物候选人和 150 位新中国成立以来感动中国人物候选人，向社会公布并接受群众投票。20 天时间内，群众参与投票总数近 1 亿。在投票评选的基础上，经过有关部门审核、组委会评审组专家投票等程序，最终评选出 100 位为新中国成立作出突出贡献的英雄模范人物和 100 位新中国成立以来感动中国人物。现予公布。

100 位为新中国成立作出突出贡献的英雄模范人物名单（按姓氏笔画排序）：

八女投江、于化虎、小叶丹、马本斋、马立训、方志敏、毛泽民、毛泽覃、王尔琢、王尽美、王克勤、王若飞、邓萍、邓中夏、邓恩铭、韦拔群、冯平、卢德铭、叶挺、叶成焕、左权、白求恩、任常伦、关向应、刘老庄连、刘伯坚、刘志丹、刘胡兰、吉鸿昌、向警予、寻淮洲、戎冠秀、朱瑞、江上青、江竹筠、许继慎、阮啸仙、何叔衡、佟麟阁、吴运铎、吴焕先、张太雷、张自忠、张学良、张思德、旷继勋、李白、李林、李大钊、李公朴、李兆麟、李硕勋、杨殷、杨子荣、杨开慧、杨虎城、杨靖宇、杨闇公、肖楚女、苏兆征、邹韬奋、陈延年、陈树湘、陈嘉庚、陈潭秋、冼星海、周文雍和陈铁军夫妇、周逸群、明德英、林祥谦、罗亦农、罗忠毅、罗炳辉、郑律成、恽代英、段德昌、贺英、赵一曼、赵世炎、赵尚志、赵博生、赵登禹、闻一多、埃德加·斯诺、夏明翰、格里戈里·库里申科、狼牙山五壮士、聂耳、郭俊卿、钱壮飞、黄公略、彭湃、彭雪枫、董存瑞、董振堂、谢子长、鲁迅、蔡和森、戴安澜、瞿秋白。

100 位新中国成立以来感动中国人物名单（按姓氏笔画排序）：

丁晓兵、马万水、马永顺、马恒昌、马海德、中国女排五连冠群体、孔祥瑞、孔繁森、文花枝、方永刚、方红霄、毛岸英、王杰、王选、王瑛、王乐义、王有德、王启民、王进喜、王顺友、邓平寿、邓建军、邓稼先、丛飞、包起帆、史光柱、史来贺、叶欣、甘远志、申纪兰、白芳礼、任长霞、刘文学、刘英俊、华罗庚、向秀丽、廷·巴特尔、许振超、达吾提·阿西木、邢燕子、吴大观、吴仁宝、吴天祥、吴金印、吴登云、宋鱼水、张华、张云泉、张秉贵、张海迪、时传祥、李四光、李春燕、李桂林和陆建芬夫妇、李素芝、李梦桃、李登海、杨利伟、杨怀远、杨根思、苏宁、谷文昌、郎丽华、邱少云、邱光华、邱娥国、陈景润、麦贤得、孟泰、孟二冬、林浩、林巧稚、林秀贞、欧阳海、罗映珍、罗健夫、罗盛教、草原英雄小姐妹、赵梦桃、钟南山、唐山十三农民、容国团、徐虎、秦文贵、袁隆平、钱学森、常香玉、黄继光、彭加木、焦裕禄、蒋筑英、谢延信、韩素云、窦铁成、赖宁、雷锋、谭彦、谭千秋、谭竹青、樊锦诗。

全国“双百”评选活动组委会
2009 年 9 月 10 日

中华人民共和国成立 60 周年之际，铁人王进喜入选中央宣传部、中央组织部等 11 个部门联合组织开展评选的“100 位为新中国成立作出突出贡献的英雄模范人物”和“100 位新中国成立以来感动中国人物”。

→ 2009 年 9 月 11 日，《人民日报》刊发“100 位为新中国成立作出突出贡献的英雄模范人物”和“100 位新中国成立以来感动中国人物”入选名单

要闻 4　2019年9月26日 星期四　人民日报

中共中央宣传部等

关于表彰“最美奋斗者”的决定

“最美奋斗者”名单

（按姓氏笔画为序）

2019 年 9 月 26 日，《人民日报》刊发《“最美奋斗者”名单》

中华人民共和国成立 70 周年之际，铁人王进喜被中央宣传部、中央组织部等联合授予“最美奋斗者”光荣称号。

中国共产党人精神谱系第一批伟大精神发布

中国共产党人精神谱系第一批伟大精神正式发布

新华社北京9月29日电 今年是中国共产党成立100周年。习近平总书记强调，一百年来，中国共产党弘扬伟大建党精神，在长期奋斗中构建起中国共产党人的精神谱系，锤炼出鲜明的政治品格。近日，党中央批准了中央宣传部梳理的第一批纳入中国共产党人精神谱系的伟大精神，在中华人民共和国成立72周年之际予以发布。

第一批纳入中国共产党人精神谱系的伟大精神是：建党精神；井冈山精神、苏区精神、长征精神、遵义会议精神、延安精神、抗战精神、红岩精神、西柏坡精神、照金精神、东北抗联精神、南泥湾精神、太行精神（吕梁精神）、大别山精神、沂蒙精神、老区精神、张思德精神；抗美援朝精神、"两弹一星"精神、雷锋精神、焦裕禄精神、大庆精神（铁人精神）、红旗渠精神、北大荒精神、塞罕坝精神、"两路"精神、老西藏精神（孔繁森精神）、西迁精神、王杰精神；改革开放精神、特区精神、抗洪精神、抗击"非典"精神、抗震救灾精神、载人航天精神、劳模精神（劳动精神、工匠精神）、青藏铁路精神、女排精神；脱贫攻坚精神、抗疫精神、"三牛"精神、科学家精神、企业家精神、探月精神、新时代北斗精神、丝路精神。这些精神，集中彰显了中华民族和中国人民长期以来形成的伟大创造精神、伟大奋斗精神、伟大团结精神、伟大梦想精神，彰显了一代又一代中国共产党人"为有牺牲多壮志，敢教日月换新天"的奋斗精神。

要坚持以习近平新时代中国特色社会主义思想为指导，深入学习贯彻习近平总书记"七一"重要讲话精神，在全党全社会大力弘扬伟大建党精神、深入宣传中国共产党人精神谱系，将其作为党史学习教育和"四史"宣传教育的重要内容，更好地鼓舞激励党员干部群众弘扬光荣革命传统、赓续红色血脉，不断增强"四个意识"、坚定"四个自信"、做到"两个维护"，为实现中华民族伟大复兴凝聚起奋勇前进的强大精神力量。

↑ 2021年9月30日，《人民日报》刊发《中国共产党人精神谱系第一批伟大精神正式发布》

2021年9月29日，经党中央批准，中宣部发布第一批纳入中国共产党人精神谱系的伟大精神，大庆精神（铁人精神）纳入其中。

大庆精神形成于20世纪60年代火热的大庆石油会战，其基本内涵是：为国争光、为民族争气的爱国主义精神；独立自主、自力更生的艰苦创业精神；讲究科学、"三老四严"的求实精神；胸怀全局、为国分忧的奉献精神。

铁人精神是全国著名劳动模范铁人王进喜的崇高思想、优秀品质的高度概括，是我国石油工人精神风貌的集中体现。铁人精神是大庆精神的具体化和人格化。主要包括："为国分忧，为民族争气"的爱国主义精神；"宁肯少活二十年，拼命也要拿下大油田"的忘我拼搏精神；"有条件要上，没有条件创造条件也要上"的艰苦奋斗精神；"干工作要经得起子孙万代检查""为革命练一身硬功夫、真本事"的科学求实精神；"甘愿为党和人民当一辈子老黄牛"、埋头苦干的无私奉献精神。这充分说明，大庆精神、铁人精神的同一性和不可分割性，铁人精神是蕴含于大庆精神当中的。

大庆精神（铁人精神）具有永恒的生命力。中国共产党成立 90 周年之际，《人民日报》推出“寻根——中国共产党的伟大精神”系列专版，将大庆精神（铁人精神）与井冈山精神、长征精神、延安精神、“两弹一星”精神、雷锋精神和改革开放精神一起并列为中国共产党的伟大精神。

2017 年 11 月 1 日，新华社评论员文章《不忘初心 牢记使命 永远奋斗》指出，“从红船精神到长征精神，从大庆精神到载人航天精神……一脉相承的精神谱系，成为激励全党砥砺奋进的强大精神力量”。

2021 年 7 月 8 日，《人民日报》理论版刊发题为《弘扬伟大建党精神》的文章，指出伟大建党精神是中国共产党人精神谱系的源和本，并列举了各个时期的伟大精神，其中大庆精神、铁人精神形成于社会主义革命和建设时期。

2021 年 8 月 23 日，《人民日报》刊发的评论员文章《大力弘扬大庆精神——论中国共产党人的精神谱系之十一》指出，“大庆油田的开发建设，创造了令世人瞩目的辉煌业绩，挺起了民族工业的脊梁，大长了中国人的志气！”“大庆油田的广大职工以高度的主人翁责任感和强烈的历史使命感，战天斗地、拼搏奉献，谱写了一曲曲建设社会主义的激越赞歌，让大庆精神穿越时空、历久弥新，成为团结凝聚百万石油人的强大精神动力，集中展现了我国工人阶级的崇高品质和精神风貌”。“前进道路上，大庆精神永远是激励中国人民不畏艰难、勇往直前的宝贵精神财富”。

人民日报　理　论　2011年6月16日　星期四　7

论中国共产党的伟大精神

——写在中国共产党成立90周年之际

任理轩

内容提要　中国共产党在90年的奋斗历程中，培育形成了一系列彰显政党性质、反映民族精神、体现时代要求、凝聚各方力量的伟大精神。这些伟大精神，对于推动党所领导的革命、建设和改革事业发挥了无可替代的重要作用。中国共产党的伟大精神，具有理想高远、重陷实际、科学理性、人文关怀等鲜明特点，从根本上体现着党的性质和宗旨。党的先进性是党的伟大精神形成的根本，党对中华民族精神的传承是党的伟大精神形成的源泉，党领导革命、建设和改革的实践是党的伟大精神形成的基础，党重视自身建设的传统是党的伟大精神形成的保障。在新的时代条件下，我们尤其需要大力弘扬实事求是精神、改革创新精神、以人为本精神、艰苦奋斗精神，使党的伟大精神成为全党全国各族人民团结奋斗、推进中国特色社会主义事业的强大精神动力。

党领导的革命、建设和改革史也是党的伟大精神形成史

党的伟大精神具有鲜明特点

只有中国共产党才能培育形成如此伟大的精神

让党的伟大精神在新的时代条件下闪耀璀璨光芒

↑ 2011年6月16日，《人民日报》刊发题为《论中国共产党的伟大精神——写在中国共产党成立90周年之际》的文章，将大庆精神与井冈山精神、长征精神、延安精神、“两弹一星”精神、雷锋精神和改革开放精神一起并列为中国共产党的伟大精神

人民日报 理论 7 2011年5月30日 星期一

寻根 中国共产党的伟大精神

大庆精神篇

弘扬大庆精神 开创科学发展新局面

铁人心愿

取之不尽的精神宝藏

大庆答卷

2011年5月30日，《人民日报》“寻根——中国共产党的伟大精神”系列专版刊发题为《弘扬大庆精神 开创科学发展新局面》的文章

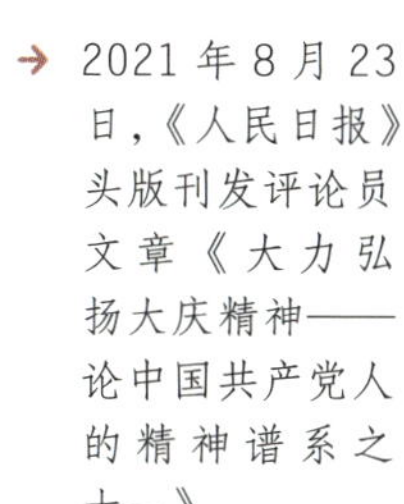

2021年8月23日，《人民日报》头版刊发评论员文章《大力弘扬大庆精神——论中国共产党人的精神谱系之十一》

人民日报

RENMIN RIBAO

2021年8月 23 星期一

人民日报社出版

大力弘扬大庆精神

——论中国共产党人的精神谱系之十一

本报评论员

广大干部新征

——各地激励

展馆更迭半个世纪传承升华

遵照周总理“铁人是英雄人物，值得纪念”的指示，大庆油田于 1970 年 12 月作出决定，建立铁人王进喜同志英雄事迹陈列室，地址在王进喜率领 1205 钻井队来大庆打的第一口油井——萨 55 井旁，1971 年 7 月 1 日正式对外开放，展览介绍了铁人王进喜的生平事迹。

1974 年 3 月，大庆油田决定在市区中七广场建设大庆展览馆暨铁人王进喜同志英雄事迹展览馆。展览馆占地面积 7 万平方米，重点展示铁人王进喜一生的光辉事迹以及中国石油工业发展史、大庆油田开发建设史。展览馆于 1975 年 11 月 15 日开放运行，实现了由室向馆的转变。1978 年 9 月 23 日，邓小平视察大庆，参观了铁人王进喜同志英雄事迹展览馆。他一边观看铁人的照片，一边深情地回忆起前两次视察大庆（1961 年 7 月、1964 年 7 月）与铁人见面的情景，对大庆精神、铁人精神给予了高度评价。1966 年初，当时反映大庆石油会战历程和铁人王进喜英雄事迹的《大庆展览》正在北京展出，邓小平参观了展览，并给予高度评价。

1989 年，大庆油田发现 30 周年之际，大庆油田在原铁人事迹陈列室的基础上，扩建成立铁人王进喜同志纪念馆。1991 年 11 月 15 日，铁人王进喜逝世 21 周年之际，铁人王进喜同志纪念馆正式开馆，实现了由综合展览馆向人物纪念馆的转变。

2003 年 2 月，大庆油田决定把铁人王进喜同志纪念馆迁建至油田世纪大道和铁人大道交会处，更名为铁人王进喜纪念馆。2006 年 9 月 26 日，大庆油田发现 47 周年之际，铁人王进喜纪念馆正式开馆，温家宝题写了馆名。铁人王进喜纪念馆的落成与开放，实现了企业内部馆向国家一流人物馆的飞跃，把宣传弘扬铁人精神的事业推向一个崭新的阶段。

铁人王进喜纪念馆作为我国第一座工人纪念馆，石油工人的精神家园，迄今为止已历经了50多个春秋。从最初筹建到落成开放，从改建扩建到最后迁建，馆址几经变迁，规模逐步扩大，陈展日臻成熟，影响与日俱增，精神一脉相承。如今的铁人王进喜纪念馆，大力宣传弘扬大庆精神、铁人精神，全力打造铁人精神的宣传阵地、展示阵地和研究阵地。开馆以来，累计接待中外观众超过1400万人次，国内外重要团体3.7万余场次。先后成功接待了众多党和国家领导人。展览面积由老馆的2500平方米，发展到现在的4790平方米；馆藏文物由开馆之初的4260件，发展到现在的22012件，其中珍贵文物384件（套）。如今的铁人王进喜纪念馆，已成为我国最具石油特色的文化景观、弘扬民族精神的神圣殿堂，她像一颗璀璨的明珠镶嵌在大庆油田这片神奇热土上。

↑ 大庆铁人王进喜纪念馆第一展厅“不屈的童年”展区

↑ 大庆铁人王进喜纪念馆第一展厅“艰苦创业”展区

↑ 1971 年 7 月，大庆油田钻井指挥部在“铁人一口井”旁建起了铁人王进喜英雄事迹陈列室

← 1975 年 10 月，铁人王进喜同志英雄事迹展览馆建成

↑ 1991 年 11 月，铁人王进喜事迹陈列室扩建为铁人王进喜同志纪念馆

↑ 为大力弘扬铁人精神，2003 年铁人王进喜诞辰 80 周年之际，大庆油田决定迁建铁人王进喜纪念馆。2006 年 9 月 26 日，举行新馆开馆仪式

↑ 大庆铁人王进喜纪念馆的部分荣誉

强基标杆

多年来，铁人王进喜纪念馆通过以赛促训的方式对讲解员进行培训，坚持每日晨训、每季考核，突出趣味性、参与性、实用性，利用“绕口令比赛”“红毯秀”等新颖形式有针对性地进行专业培训，培养了多名优秀讲解员，一专多能的复合型人才队伍建设成果显著。

讲解员坚持每日晨训练内功

铁人王进喜纪念馆鲍南月、田静获得全国科学实验展演汇演比赛一等奖

铁人王进喜纪念馆王立志获得首届全国红色旅游故事大赛一等奖

铁人王进喜纪念馆郑媛元获得全国红色故事讲解员大赛专业组“金牌讲解员”

↑ 铁人王进喜纪念馆郑媛元获得首批全国红色旅游“五好讲解员”荣誉称号

↑ 2012年，铁人王进喜纪念馆张立凤赴北京为“科学发展 成就辉煌”大型图片展讲解

↑ 2017年，铁人王进喜纪念馆侯慧宇赴北京为“砥砺奋进的五年”大型成就展讲解

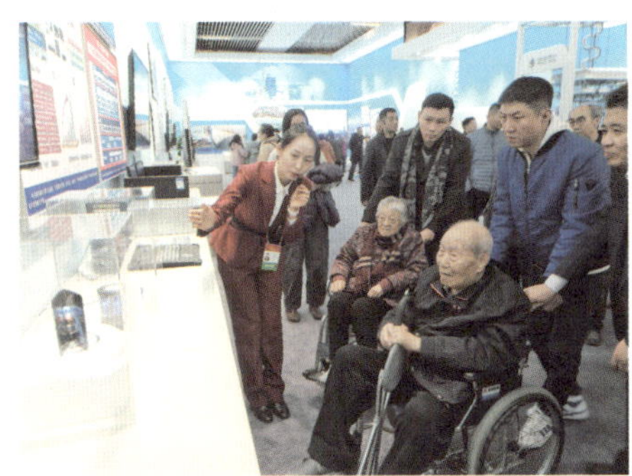

↑ 2018年，铁人王进喜纪念馆侯慧宇赴北京为“伟大的变革 庆祝改革开放四十周年”大型展览讲解

↑ 2021年，铁人王进喜纪念馆王美苏赴北京为中国共产党历史展览馆讲解

载体铸魂

↑ 铁人王进喜纪念馆开展“清明忆先烈 缅怀寄心语”主题系列活动

↑ 铁人王进喜纪念馆开展“亲亲宝贝节”主题系列活动

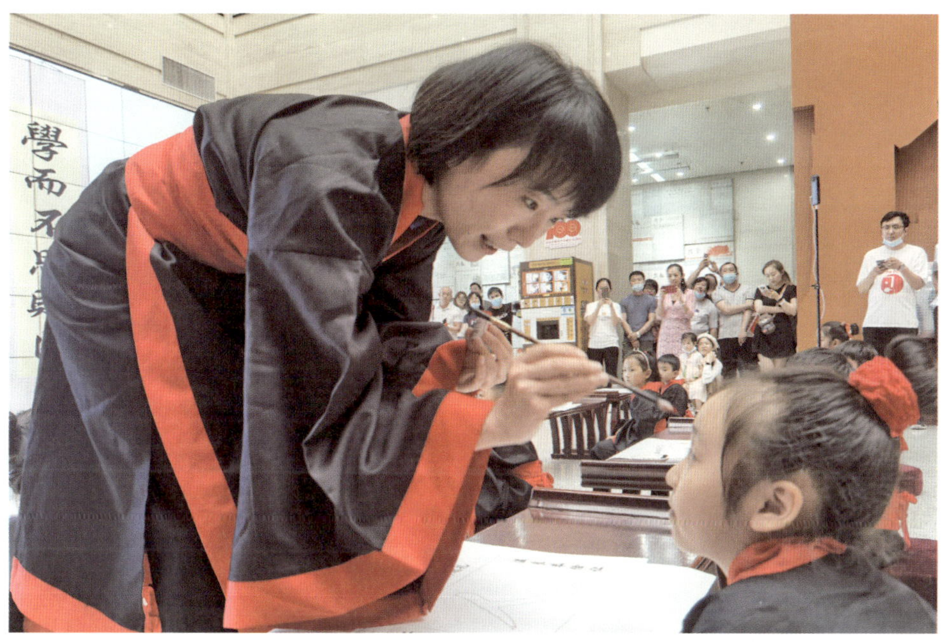

↑ 铁人王进喜纪念馆开展“童心向党 筑梦未来”主题系列活动

↑ 铁人王进喜纪念馆开展“传承红色基因 赓续精神血脉”主题系列活动

铁人王进喜纪念馆开展重温入党誓词主题系列活动

铁人王进喜纪念馆开展“牢记光荣史　奋进新时代”主题系列活动

铁人王进喜纪念馆开展“铁人馆里过大年”主题系列活动

精神火种

↑ 铁人王进喜纪念馆“永远的铁人”巡展走进玉门油田老一井

↑ 铁人王进喜纪念馆“永远的铁人”巡展走进新疆油田准东采油厂彩参二井

↑ 铁人王进喜纪念馆“永远的铁人”巡展走进大庆萨尔图火车站

↑ 铁人王进喜纪念馆“永远的铁人”巡展走进延安革命纪念馆

↑ 铁人王进喜纪念馆“永远的铁人”巡展走进江汉油田

↑ 铁人王进喜纪念馆“永远的铁人”巡展走进全国总工会北戴河疗养院

媒体传播

← 铁人王进喜纪念馆利用“互联网”技术推出云课堂

→ 铁人王进喜纪念馆云课堂直播

↑ 铁人王进喜纪念馆官方平台

忠诚铸造石油魂，用心讲好铁人精神

为进一步宣传弘扬大庆精神、铁人精神，2010 年，中国石油天然气集团有限公司党组与大庆油田党委组建“石油魂”宣讲团，讲明党培育大庆精神、铁人精神的完整过程；讲好党领导下的那段艰苦卓绝、波澜壮阔的石油大会战；讲清党领导建设社会主义工业企业的成功之路；讲透中国共产党的领导优势和社会主义能集中力量办大事的制度优势。特别是 2021 年以来，组织打造了“石油魂”宣讲党史学习教育版，深入解读“党史下的石油史、石油史中的党史”。

13 年来，“石油魂”宣讲团深入中国石油各企事业单位，向广大干部员工面对面地宣讲大庆精神、铁人精神，同时走出石油、宣传石油，先后赴国务院国资委、全国总工会、北京人民大会堂及中亚、中东、南美等十几个海外项目进行宣讲，走遍了 31 个省区市及中国香港特别行政区、中国澳门特别行政区，累计宣讲 1000 多场，行程百万多公里，受众超 300 万人次，被誉为“行走的石油展厅”“移动的精神课堂”。2022 年，“石油魂”宣讲团参加中央组织部主办、中国石油天然气集团有限公司承办的“央企伟大精神报告会”，先后走进中国兵器工业集团有限公司、中国核工业集团公司、中国航天科技集团有限公司等单位进行巡回宣讲，集中展现了央企在不同历史时期孕育凝结的大庆精神、铁人精神、“两弹一星”精神、载人航天精神等伟大精神，线上线下收看人数超过 130 万人次。观众收听收看完以后，纷纷表示，大庆精神、铁人精神让他们感受到了中国石油不平凡的艰苦创业历程，铁人王进喜就是那个站起来了的中国人的光辉形象。

↑“石油魂”宣讲团整装待发

↑“石油魂”宣讲团首场报告会在中国石油天然气集团有限公司管理干部学院举行

↑“石油魂”宣讲团赴长庆安塞油田“好汉坡”宣讲

↑“石油魂”宣讲团赴青海油田狮20井宣讲

↑“石油魂”宣讲团赴人民大会堂宣讲

↑“石油魂”宣讲团赴哈尔滨工业大学宣讲

↑ “石油魂”宣讲团赴全国总工会宣讲

← “石油魂”宣讲团赴中国石油化工集团公司宣讲

第十四篇

中国力量，踏着铁人脚步走

传承铁人精神群星璀璨

一个铁人前面走，千万个铁人跟上来。在大庆精神、铁人精神的引领激励下，大庆油田各行业英模辈出，处处有铁人。他们犹如繁星一般，点缀在大庆油田这块儿深蓝色梦幻般的天幕上，散发着独特的光芒，激励、引领着油田职工踔厉奋发、勇毅前行，为大庆油田的高质量发展贡献力量。

打开大庆油田辉煌的发展史册，英模人物的名字在其中闪闪发光。

20 世纪 60 年代，涌现出王进喜等“五面红旗”；20 世纪 70 年代涌现出“最讲认真的人”周占鳌等 21 名标兵；20 世纪 80 年代涌现出“大庆精神大庆人”陈全友等十大标兵；20 世纪 90 年代涌现出王启民等二次创业六大标兵、马军等十佳职工；2005 年涌现出“矢志不渝的勘探尖兵”姜传金等新时期“五面红旗”；2007 年涌现出“铁人精神的传人”李新民等新时期五大标兵；2020 年涌现出大庆油田命名表彰的新时代振兴发展标杆“新时代铁人”李新民等。64 年来，涌现出全国劳动模范吴全清、刘宝海等，全国优秀共产党员李新民、全国优秀党务工作者李雪莹等。

大庆石油会战“五面红旗”

1960 年 7 月，石油部机关党委作出《关于开展学习“王、马、段、薛、朱”运动的决定》，称赞他们是全战区的“五面红旗”，号召全体参战职工向他们学习。“五面红旗”中除了著名的铁人——1205 钻井队队长王进喜，还有 1202 钻井队队长马德仁、1206 钻井队队长段兴枝、采油队队长薛国邦、水电指挥部副大队长朱洪昌。

↑ 王进喜（右一）、马德仁（右二）、段兴枝（右三）、薛国邦（左二）、朱洪昌（左一）

马德仁（1925.10.1—2020.6.28）

甘肃省永昌县人，1949 年参加工作，历任钻井队司钻、队长、大队长、副指挥，钻探处长，大庆生产办副主任，大庆市副市长，大庆石油管理局副局长等职。1960 年 3 月，马德仁带领 1202 钻井队参加大庆石油会战，用 8 个半月的时间打井 22 口，实现了钻井进尺上双万米。1961 年，他带领全队职工

↑ 马德仁

用九个半月时间打井28口，实现了钻井进尺31700米，超过了苏联格林尼亚功勋钻井队的水平，刷新了世界钻井进尺纪录，并创造了全国中型钻机月完钻井数、月进尺、日进尺、班进尺、钻头使用等21项纪录。1963年，又打出了“三一”优质试验井，创造钻机月钻井进尺4615米，队日进尺1080.26米的全国最高纪录。马德仁所领导的1202钻井队先后被授予“卫星钻井队”“钢铁钻井队”“永不卷刃的尖刀”等称号。1966年马德仁被评为“石油工业部五好标兵”，1977年被石油部授予“会战初期五位著名老标兵之一”的称号。

段兴枝（1930—2004.5.30）

陕西省洋县人，历任1206钻井队队长、钻井一大队副大队长、钻井指挥部副指挥、四川石油管理局川中矿区副指挥、江汉石油管理局副局长等职。1960年春，段兴枝带领1247钻井队从四川来到大庆，参加石油会战。他善于把冲天的革命干劲和严谨的科学态度结合起来，被人们誉为“智勇双全的钻井队长”。他带领职工大搞技术革新，把大钻机小鼠洞接单根的工艺移植到BY-40钻机上，提高了工作效率。同时首创了冲鼠洞的新工艺，在全油田和全国石油系统推广。他广泛听取技术员、老工人的意见，带领全队职工反复研究试验，创出了“钻机自走”的搬家新方法，缓解了大庆油田拉运设备少的矛盾，曾在钻井队普遍推广。在生产中，段兴枝率领的钻井队多次创出优异成绩，被会战指挥部授予“钢铁钻井队”的光荣称号。他被评为“石油工业部五好标兵”。1977年被石油部授予“会战初期五位著名老标兵之一”

↑ 段兴枝

的称号。曾当选湖北省第五届人大代表。

薛国邦（1927.2—2022.1.25）

甘肃省酒泉县人，历任修井队长，采油队长，试采大队长，采油矿长，采油指挥部副指挥、书记，大庆市（局）党委副书记，大庆市人大常务委员会主任等职，曾当选黑龙江省第六届人大代表。1960 年，他率领采油队从玉门油田来大庆参加石油会战。当生产试验区的第一口油井萨 66 井完钻后，他带领采油队首先在这口井上取得了 20 项“四全四准”的资料，准确地掌握了油层情况，为石油大会战的全面展开创造了条件。接受第一列火车原油输送任务后，他不分白天黑夜地奋战在油井上。在严寒使原油凝固、输油泵打油受阻的情况下，为了把原油按预定时间运出，他毅然脱掉棉衣，双手抱住高温蒸汽管，第一个跳进油池，用蒸汽化油。1954 年，他在玉门油矿被评为全国石油系统先进生产者。1959 年，被评为全国劳动模范，出席全国工交群英会。1977 年，石油部授予其“会战初期五位著名老标兵之一”的称号。1978 年，被评为黑龙江省劳动英雄。

↑ 薛国邦

朱洪昌（1932.3.2—2021.7.24）

山东省掖县人，历任施工小组长、工段长、副大队长、厂长、中国石油天然气总公司管道局局长等职。1959 年，他由甘肃到大庆参加石油会战，所在的三大队负责承建 17.2 公里大口径、长距离输水管线。供水管线通水试压时，担任副大队长的他带着伤到各处去检查试压情况。当发现有一处焊缝冻

↑ 朱洪昌

裂漏水时，为不影响全线试压，他决定带压带水补焊。朱洪昌跳进水中，一边用手把漏缝的水抹干，一边让焊工补焊，飞溅的焊花刺到他的手上，他却全然不顾。就这样，他忍着焊花的灼痛，一直坚持着把漏缝焊完。他所带领的工段连续 7 次获得大庆油田建设“一级红旗”，并荣获“油田建设标杆队”“钢铁突击队”等称号。朱洪昌于 1958 年被评为甘肃省先进生产者、青年突击红旗手，1959 年又出席了全国工交群英会，1977 年被石油部授予“会战初期五位著名老标兵之一”的称号。曾当选第三届全国人大代表。

铁人王进喜：
宁肯少活 20 年，拼命也要拿下大油田

↑ 王进喜

“新时期铁人”王启民：宁肯把心血熬干 也要让油田稳产再高产

王启民，1937 年生，浙江湖州人，曾任大庆油田有限责任公司总经理助理、副总地质师，中国共产党第十五届中央委员会候补委员。1997 年被中国石油天然气总公司党组授予“新时期铁人”称号。他传承弘扬大庆精神、铁人精神，凭借“宁肯把心血熬干，也要让油田稳产再高产”的英雄气概，攻克一道道技术难关，创造多项世界纪录。1986 年，他带领团队开始研究攻克油田开发中的世界性难题——表外储层。所谓的表外储层，就是从 20 厘米到 50 厘米的薄油层，这一块当年在计算储量的时候没有算在内，但是含有一定数量的石油。经过 6 年的攻关试验，1991 年在大庆油田开发技术座谈会上，王启民正式宣布攻克了表外储层问题，使整个大庆长垣表外储层的储量达到 7 亿吨，可采储量达到 2.8 亿吨，为大庆油田第二个 10 年稳产做出了重大贡献。20 世纪 90 年代，王启民主持的油田高含水后期“稳油控水”项目研究，在世界同类型油田开发中前所未有，使大庆油田 5 年累

↑ 王启民

计多产原油 610 多万吨。王启民先后获得全国五一劳动奖章以及全国优秀共产党员、全国先进工作者、“100 位新中国成立以来感动中国人物”“最美奋斗者”等荣誉称号。2018 年 12 月 18 日，党中央、国务院授予王启民“改革先锋”称号，颁授改革先锋奖章。2019 年 9 月 17 日，授予王启民“人民楷模”国家荣誉称号；同年 9 月 29 日，习近平总书记向“人民楷模”国家荣誉称号获得者王启民颁授奖章。

“大庆新铁人”李新民：宁肯历尽千难万险也要为祖国献石油

李新民，1967 年生，黑龙江泰来人，1990 年参加工作，曾任 1205 钻井队第 18 任队长，现任大庆油田国际勘探开发公司总经理。党的十八大代表、党的十九大代表，第十一届全国人大代表，第十三届全国政协委员。2011 年被中国石油天然气集团有限公司党组授予“大庆新铁人”称号。他专注钻井事业数十年，立誓“宁肯历尽千难万险，也要为祖国献石油”，曾带领 1205 钻井队在全国率先突破钻井进尺 200 万米，实现 1205 钻井队由单一井型向多种井型、速度型向效益型、国内作业向海外作业的三大跨越。为保障国家石油战略安全，自 2006 年带队挺进海外打井，两次获得苏丹颁发给服务方的最高荣誉——PDOC 钻井杯，不断刷新海外钻井纪录。先后获得全国劳动模范、全国创先争优优秀共产党员、“新时期产业工人实现中国梦的优秀代表”“最美奋斗者”等荣誉称号。

↑ 李新民

“新时代铁人式标兵”张晶：为端牢能源饭碗作更大的贡献

张晶，1982年生，黑龙江安达人，2008年大学毕业参加工作，现任1205钻井队第21任队长。中国共产党黑龙江省第十三次人民代表大会代表和中国共产党第二十届中央委员会候补委员。张晶矢志拼搏奋斗，扎根井队十五年，带领1205钻井队首创精益钻井生产模式，实现年进尺10万米“四连冠”，钻井总进尺突破300万米，开创了1205钻井队新的里程碑。张晶率队主动挺进页岩油新战场，坚定“首战用我、用我必胜”的信念，克服一系列困难和挑战，率先突破钻井周期35天的目标，创造了大庆古龙页岩油井13.77天最快钻井纪录，探索形成页岩油钻井生产“05模式”，引领大庆页岩油开发队伍屡攀高峰，为加快大庆古龙页岩油国家级示范区建设、保障国家能源安全作出了突出贡献。先后获得大庆油田功勋员工、优秀共产党员，全国五一劳动奖章，中国石油天然气集团有限公司劳动模范、中国石油天然气集团有限公司十大杰出青年等荣誉。

↑ 张晶

发扬铁人精神的楷模

科技之星：王德民

王德民，1937 年生，河北省唐山市人，中国工程院首批院士，石油工程科学家。从事油气田开发提高采收率基础理论、采油采气工程技术研究，发

↑ 王德民

明了分层注水、分层采油、分层改造、分层测试的系统方法和成套工艺，组织领导了大庆油田化学驱三次采油多种方法的适应性研究和矿场先导试验，取得了迄今为止世界上规模最大、增产最多、采收率最高的应用成果，年均三次采油超越 1000 万吨，累计采油量突破 3 亿吨，为我国油田开发技术居于国际领先水平做出了重大贡献。王德民是大庆油田三次获得国家级科技进步特等奖的主要贡献者，国际石油学术组织授予他多项荣誉，2009 年获第十五届何梁何利基金科学与技术成就奖；2015 年经国际小行星中心命名委员会批准，将中国科学院紫金山天文台发现的国际编号为 230231 小行星命名为“王德民星”。

大国工匠：刘丽

刘丽，1974 年生，黑龙江大庆人，1993 年参加工作，中国石油天然气集

↑ 刘丽

团有限公司技能专家，大庆油田第二采油厂第六作业区采油 48 队采油班长，党的二十大代表。2022 年 3 月 2 日，被全国总工会和中央广播电视总台联合评选为 2021 年“大国工匠年度人物”。刘丽是大庆油田的一名采油班长，从普通工人成长为大国工匠，她扎根采油生产一线，致力于创新解决生产难题，个人研发各类成果 200 余项，有些还填补了行业技术空白，其中国家专利 45 项，国家计算机软件著作权成果 5 项，国家及省部级奖项 38 项、市局级奖项 59 项；发明发表专业技术标准 2 项、著作 33 册、论文 25 篇，主编的 60 万字《采油工》在全国各油田应用。研制的“上下可调式盘根盒”，在 6 万多口油井应用，年节约维修工时 10 万个小时、节电 2.4 亿多度，获大庆油田重大技术革新成果特等奖；研发的“螺杆泵井新型封井器装置”，累计使油井多产油 6 万多吨。她带领刘丽工作室成员，探索实践研产用一体化创新创效模式，研发成果 1048 项，推广应用成果 5000 多项，累计创效 1.2 亿元。先后获得中国石油名匠、中央企业“百名杰出工匠”、“中国质量工匠”、全国技术能手、全国五一劳动奖章、中华技能大奖、全国劳动模范、“最美职工”等荣誉。

我为祖国献石油责任担当

英雄集体标杆林立

60 多年来，大庆油田各行业“学铁人，做铁人”活动的热潮不减，英雄集体像飘扬的旗帜，引领着大庆油田广大职工高唱“我为祖国献石油”的主旋律，推动着大庆油田各项事业蓬勃向前发展，为建设百年油田贡献力量。

↑ 大庆铁人王进喜纪念馆展示先进人物与英雄集体

曾获得荣誉或受到表彰的英雄集体如下，1978 年，石油部和大庆会战工委命名的标杆单位：铁人钻井队——1205 钻井队等 20 个单位；2003 年，中国石油天然气集团有限公司命名的“百面红旗”单位：第一采油厂中十六联合站等 11 个单位；2006 年，大庆油田命名表彰的基层建设“十大标杆”单位：永做油田精品的联合站——第一采油厂第三油矿中十六联合站等 10 个单位；2007 年，大庆油田命名表彰的基层建设“十面红旗”单位：钻探集团 1205 钻井队等 10 个单位；2020 年，大庆油田命名表彰的基层建设“新时代振兴发展标兵”：“新时代钢铁钻井队”钻探工程公司钻井二公司 1205 钻井队等 8 个单位；2021 年，中国石油天然气集团有限公司基层党建“百面红旗”：大庆油田第一采油厂第三油矿中四采油队党支部等 5 个单位；64 年来的全国先进基层党组织：钻井二公司 1205 钻井队等 5 个单位；64 年来的全国五一劳动奖状：钻探工程公司钻井二公司 1205 队等 27 个单位；64 年来的全国先进基层党组织：钻井二公司 1205 钻井队等 5 个单位；64 年来的全国工人先锋号：建设集团化建公司作业处冯东波攻坚班等 15 个单位；64 年来的全国三八红旗单位：油田公司工会女职工委员会等 5 个单位；64 年来的全国青年文明号：物探公司 2287 地震队等 21 个单位；64 年来的全国五四红旗团委（团支部）：中油电能供电公司星火一次变电所团支部等 5 个单位。

1205 钻井队

1953 年 3 月 20 日，玉门油田贝乌 5 队建队。1959 年 12 月中旬，贝乌 5 队和 1262 钻井队合并，以贝乌 5 队为主体，井队编号改为 1262。1960 年 9 月初，由于更换新钻机，1262 钻井队改为 1205 钻井队，现隶属中国石油大庆油田钻探工程公司钻井二公司。1205 钻井队建队 70 年来，在铁人王进喜的带领下，发扬大庆精神、铁人精神，累计钻井 2494 口，进尺 320.14 万多米，

↑ 1205 钻井队

相当于钻透了362座珠穆朗玛峰。

1205钻井队建队以来，先后转战玉门油田、曙光油田、华北油田和大庆油田，创出4项世界纪录、15项全国纪录，钻井年进尺6次攀上10万米高峰，为中国石油工业发展作出不可磨灭的贡献。1966年初，王进喜担任大庆石油会战指挥部副指挥，带领1205钻井队和1202钻井队“超功勋，甩王牌”，12月26日钻井进尺双双突破10万米，创造了世界钻井纪录。到2019年9月，1205钻井队成为国内第一个钻井进尺上300万米的钻井队。第一个100万米用了29年，第二个100万米用了22年，第三个100万米用了15年，每一个100万米的效率都提高了7年。这个纪录在世界上处于领先地位，实现了铁人王进喜的遗愿。到2020年12月24日，1205钻井队再次创造了年钻井进尺10万米“四连冠”的好成绩。2021年初，1205钻井队完成了从3000米钻机到7000米钻机的跨越式升级，以全新的面貌挺进页岩油主战场，历时33.01天，打出了队史上第一口页岩油井，第一个突破钻井周期35天的目标，随后又接连突破钻井周期30天、25天、20天、15天的目标。先后被石油部授予“铁人钻井队”“钢铁钻井队”“卫星钻井队”，荣获中国石油天然气集团有限公司基层建设“百面红旗单位”，全国青年文明号十年成就奖，全国五一劳动奖状，全国先进基层党组织等多项殊荣。

2009年6月26日，在大庆油田发现50周年纪念日来临之际，胡锦涛来到大庆油田视察。在1205钻井队作业现场，他希望大家高扬钢铁1205钻井队的旗帜，发扬优良传统，继续艰苦创业，为我国石油工业发展作出新的更大贡献。随后，胡锦涛同工人们满怀激情地唱起歌曲《踏着铁人脚步走》，鼓励石油工人继承和发扬大庆精神、铁人精神，为祖国建设加油。

1202钻井队

1953年3月20日，贝乌2队（即1203钻井队）以石油工程第一师（中国人民解放军第19军57师改编）的一个警卫排为主体，在玉门油矿组建。因使用钻机型号和打井能力的不断变化，1956年至1958年，贝乌2队改为1219钻井队。1958年至1960年，改为1237钻井队。1960年，改为1202钻井队，同时参加大庆石油会战，钻井队番号沿用至今。现隶属中国石油大庆钻探工程公司钻井二公司，先后转战克拉玛依油田、四川油田、江汉油田、辽河油田、浙江油田等8个油田，创造了3项世界钻井纪录、9项全国钻井纪录和17项油田钻井纪录。1963年10月，被中国石油工会全国委员会命名为“永不卷刃的尖刀”。1202钻井队累计钻井2406口，进尺309.7860万多米，相当于钻透了350座珠穆朗玛峰。先后获得全国五一劳动奖状、全国青年文明号等400多项荣誉。党和国家领导人曾到队视察指导工作。

↑ 1202钻井队

三矿四队

1960年3月组建，现隶属中国石油大庆油田第一采油厂。三矿四队位于大庆市萨尔图区西宾街道574号，管理油水井362口、计量间11座、转油站1座，累计生产原油1200多万吨，天然气约7.6亿立方米。三矿四队是大庆石油会战光荣传统“三老四严”（对待革命事业，要当老实人、说老实话、办老实事；对待革命工作，要有严格的

↑ 三矿四队

要求、严密的组织、严肃的态度、严明的纪律）发源地，“三老四严”也是大庆精神的重要内容。石油部授予三矿四队“高度觉悟、严细成风”“团结的核心，战斗的堡垒”“五好红旗单位标兵”三面锦旗并荣获高产稳产采油队、模范集体等称号。此外，三矿四队还荣获中国石油天然气总公司铜牌队、银牌队、金牌队称号，并实现金牌采油队“三连冠”。邓小平等党和国家领导人先后到队视察，并给予充分肯定和赞扬。

油建十一中队

1954 年在玉门油矿组建，1960 年参加大庆石油会战。现隶属中国石油大庆油田工程建设公司。是一支从事油田地面产能、化工建设的综合性施工队伍，具备承建大型联合站、转油站及系统配套工程、管道安装工程、老站改扩建、各类大型立式储罐及容器安装的综合施工能力。油建十一中队建队以来，相继建成各种泵站 279 座，敷设管线 18050 公里，近 10 年承揽工程量达 353879 万元。1965 年，被石油部命名为“自觉从严、好字当头”的标杆队。先后获全国五一劳动奖状、国家能源局先进集体、中国石油天然气集团有限公司新时期基层建设“百个标杆”单位等荣誉称号。

↑ 油建十一中队

西水源

1960 年 4 月 26 日建成投产，现隶属中国石油大庆油田水务公司，是大庆油田第一座水源。位于大庆市让胡路区喇嘛甸镇三胜村东侧，主要担负着第三采油厂、第六采油厂等地区的生产用水等供给任务。负责管理外输泵站

西水源

2座，变电所2座，消防泵站1座，常规地下水除锰工艺2套，臭氧活性炭、超滤深度处理工艺1套，负责41口深井的运行维护工作，19公里集水干线支线巡查工作。2014年5月25日，西水源建成投产臭氧活性炭、超滤膜深度处理工艺，成为大庆油田5座深度水厂之一。投产以来，西水源水厂创造了安全生产21604天的佳绩，实现了由大庆石油会战“百面红旗”单位到中国石油天然气集团有限公司“百面红旗”单位的跨越发展。先后被确定为中国石油天然气集团有限公司企业精神教育基地等，并被大庆油田命名为“处处体现责任心的西水源”。

北二注水站

1962年4月1日投产，现隶属中国石油大庆油田第一采油厂。位于大庆市萨尔图区标杆三村北约500米，管理3台高压注水泵、2台冷却水泵、2台润滑油泵、2座千方储水罐和2台采暖锅炉，日外输高压水能力1.5万立方米，已累计外输高压水1.7亿余立方米。1962年5月，北二注水站的干部工人在总结经验的基础上，建立了岗位责任制。随后大庆会战工委在北二注水站召开岗位责任制推广总结大会，使其迅速在全油田推广。北二注水站先后获得中国石油天然气

北二注水站

集团有限公司标杆班组、黑龙江省五一劳动奖状等荣誉称号。

星火一次变电所

1981 年 12 月 22 日投产，现隶属中国石油电能有限公司。主要担负第一采油厂、第二采油厂、第三采油厂、第六采油厂部分供电任务，辖区供电量占油田供电量的 42.73%，接带油水井 3.3 万多口，年供电量 64.09 亿千瓦时，形成了“星火变电运行工作法”，建成了集思想作风培养和业务技能培训功能于一体的“双培”示范基地，被中国石油天然气集团有限公司评为金牌变电所、“百面红旗”单位等。

↑ 星火一次变电所

采收率研究室

采收率研究室始建于 1965 年 3 月，主要承担大庆油田水驱、化学驱、气驱、微生物采油等提高采收率技术研究及推广应用任务，提出了超越权威、超越前人、超越自己的口号，是国家能源陆相砂岩老油田持续开采研发中心的重要依托实验室、中国石油天然气集团有限公司提高采收率的工程技术中心、黑龙江省提高原油采收率的工程技术研究中心。采收率研究室坚持以油田需求为导向，积

↑ 采收率研究室

聚力量进行原创性攻关，不断攻克油田急需的瓶颈技术，支撑了大庆油田化学驱连续21年产油量1000万吨以上稳产，实现了从跟跑到领跑的跨越，化学驱技术不断提档升级，为油田效益开发做出了突出贡献。曾荣获中国石油天然气集团有限公司基层党建百面红旗、中国石油天然气集团有限公司科技创新奋斗团队、全国专业技术人才先进集体等称号。

修井107队

组建于1982年9月，现隶属中国石油大庆油田井下作业分公司。修井107队是一支专门从事油、水、气井大修作业施工的专业队伍，累计修井1142口，恢复产油39.8万吨、恢复注水1026.4万方。修井107队作为大庆油田唯一一支应急抢险队，相继攻克完成封堵升深2井、徐深8平—1井、方402井等高危高难井应急抢险等重大施工任务。中央电视台专门报道了修井107队惊心动魄的抢险事迹，塑造了大庆油田修井铁军的良好形象。修井107队先后获中国石油天然气总公司金牌“五连冠”，中央企业“学习型红旗班组”等市（局）级以上荣誉120余项。被大庆油田命名为“英勇善战的修井铁军”。

↑ 修井107队

采油48队

建于1964年9月，现隶属中国石油大庆油田第二采油厂。采油48队管理油田面积778万平方米，油水井194口、计量间12座、中转站1座，全年担负着7.48万吨的原油生产任务。多年来，采油48队形成了独具特色的

"红旗"文化，探索实施了采油队"生产运行、岗位操作、技能培训、安全环保、支部建设"五个方面的标准化管理，夺得大庆油田唯一金牌"七连冠"采油队；获得全国青年文明号、中国石油天然气集团有限公司"百面红旗"单位等荣誉。

↑ 采油 48 队

新时代新征程奋进百年油田

艰苦创业千秋史，亘古荒原石油魂。大庆石油会战一举甩掉了中国贫油的落后帽子，实现了中国石油的崛起，翻开了中国石油开发史上具有历史转折意义的一页。以铁人王进喜为代表的大庆石油人，用“宁肯少活 20 年，拼命也要拿下大油田”的大无畏的英雄气概，为国争光，为民族争气，拿下了大庆油田，在大会战的艰苦卓绝的实践中铸就了大庆精神、铁人精神。大庆精神、铁人精神已经成为中华民族伟大精神的重要组成部分，以伟大建党精神为源头，大庆精神、铁人精神被纳入第一批中国共产党人精神谱系。

大庆油田发现 64 年来，以铁人王进喜、新时期铁人王启民、大庆新铁人李新民、新时代铁人式标兵张晶为代表的几代石油人，发扬和传承大庆精神、铁人精神，牢记大庆是党的大庆、大庆是共和国的大庆、大庆是全国人民的大庆，高唱我为祖国献石油的主旋律，累计生产原油 25 亿吨，占全国同期石油产量的 36%；按照中国 14 亿人口计算，人均 1.78 吨石油；累计生产天然气 1412 亿方；从 1973 年到 2003 年，30 年出口石油 3.55 亿吨，创汇 500 多亿美元，支持了改革开放事业；累计上缴税费 3 万亿多元。大庆的成就和贡献已经镌刻在伟大祖国的历史丰碑上，党和人民永远不会忘记。

党的十八大以来，以习近平同志为核心的党中央十分关心大庆油田，多次对大庆精神、铁人精神给予表扬。2019 年 9 月 26 日，习近平总书记在致大庆油田发现 60 周年的贺信中强调，“站在新的历史起点上，希望大庆油田全体干部职工不忘初心、牢记使命，大力弘扬大庆精神、铁人精神，不断改革创新，推动高质量发展，肩负起当好标杆旗帜、建设百年油田的重大责任，为实现‘两个一百年’奋斗目标、实现中华民族伟大复兴的中国梦作出新的更大的贡献！”

“当好标杆旗帜、建设百年油田”是大庆油田在新时代的宏伟目标，是新时代大力弘扬大庆精神、铁人精神的时代价值、时代特征。在纪念铁人王进喜诞辰 100 周年的时候，要认真学习贯彻党的二十大精神，高举习近平新时代中国特色社会主义思想伟大旗帜，用中国式现代化推进当好标杆旗帜，建设世界一流现代化百年油田的光荣工作。弘扬大庆精神、铁人精神，以铁人王进喜和发扬铁人精神的楷模为榜样，在新时代中建设百年油田，在新征程中实现高质量发展，按照大庆油田党委抓好“三件大事”的战略，实施“一稳三增”的目标，开启大庆油田“第二条曲线”。习近平总书记在 2023 年新年贺词中说：“今天的中国，是梦想接连实现的中国。”“这一切，凝结着无数人的辛勤付出和汗水。点点星火，汇聚成炬，这就是中国力量！”大庆精神、铁人精神在新时代生动、具体地诠释了中国力量，要向铁人王进喜那样，把快快发展我国的石油工业作为信仰和追求。要在新时代踏着铁人的脚步走，苦干实干，“三老四严”，踔厉奋发，把铁人精神的旗帜一直扛到底，用大庆精神、铁人精神书写大庆油田新时代新的篇章，继续书写大庆油田 25 亿吨新的辉煌，不负时代重任，当好中国能源的压舱石，作出新的贡献。

中国力量铁人精神！

百年油田永远铁人！

2022年7月21日，大庆油田院士工作站正式揭牌成立，这是大庆油田深入落实中国石油天然气集团有限公司创新战略，打造勘探开发原创技术策源地的重大战略举措，标志着大庆油田在产学研联合攻关方面迈出了新步伐，在科技强企、人才惠企、平台助企方面取得了新成就

↑ 大庆油田大力实施党的建设铸魂行动。深入推进新时代党的建设新的伟大工程，坚持守正创新，以高质量党建引领保障高质量发展

↑ 川渝流转区块捷报频传，多口井获高产工业油气流，展现了川渝探区良好发展前景

→ 聚焦“双碳”目标，规划建设千万千瓦级“风光气储氢”一体化基地，建成一批具有示范意义的新能源项目

↑ 在古龙页岩油实验区，1205 钻井队先后突破钻井周期 30 天、25 天、20 天的提速目标，以 13.77 天创造了大庆非常规油气开发钻井周期纪录

王进喜生平大事年表

1923—1949 年

1923 年

10 月 8 日，出生于甘肃省玉门县赤金堡，乳名十斤娃，其父王金堂，其母何占信。

1929 年（6 岁）

拉着双目失明的父亲讨饭。

1933 年（10 岁）

在祁连山下的草原上为地主放牛。

1935 年（12 岁）

到伪区长家要到白布换被霸占的土地，获平生第一个胜利。

1936 年（13 岁）

到红沟煤窑下矿背煤。

1937 年（14 岁）

被抓夫修公路，后因被抓兵逃进深山，又受雇到石油河畔老君庙淘金、挖石油。

1938 年（15 岁）

被抓夫到饮马场修公路、平井场，后取保进矿当长工，出苦力。

1942 年（19 岁）

在老君庙修井场时，右腿被大铁板砸伤，矿里不给治，还被除了名，回家养伤。

1943 年（20 岁）

顶别人空名到驮运队当小工，给玉门油矿的职员家送生活用油和水。

1947 年（24 岁）

与赤金西湖村王兰英结婚。

1948 年（25 岁）

在驮运队经常为钻井队送料，强烈地爱上了钻井工作。

1949 年（26 岁）

参加护矿斗争。玉门油矿解放，和工友们走出十几里路，欢迎人民解放军。

1950—1959 年

1950 年（27 岁）

春，通过考试在玉门老君庙钻探大队当上钻工，成为新中国成立后我国第一代钻井工人。

1953 年（30 岁）

提为司钻。

1954 年（31 岁）

调到贝乌 5 队（1205 钻井队前身）任司钻。

1956 年（33 岁）

4 月 29 日，被批准加入中国共产党。

5 月至 6 月，任贝乌 5 队副队长、队长。

11 月，试验钻机整拖搬家成功。

12 月，带队实现全年进尺上万米，贝乌 5 队进入先进钻井队行列。

1957 年（34 岁）

3 月，在发生过井喷的废墟上，打成新 319 井。提出增产节约，修旧利废，坚持打井，完成全年任务，受到石油部领导的表扬。

1958 年（35 岁）

6 月，带领贝乌 5 队上白杨河打井，提出“月上千，年上万，祁连山上立标杆”口号。

9 月，带领贝乌 5 队月钻井 5009.32 米，创下全国最高纪录。

10 月，到新疆克拉玛依参加石油部召开的现场会并发言，贝乌 5 队荣获石油部颁发的“钻井卫星”红旗。

1959 年（36 岁）

1 月至 8 月，带领贝乌 5 队超额完成钻井计划。

9 月，参加甘肃省劳模大会。

10 月 1 日，在天安门观礼台上参加国庆观礼，第一次见到毛主席。

10 月 26 日至 11 月 8 日，在北京参加全国工交群英会。会后，应邀到山东、河南传授经验。

1960—1970 年

1960 年（37 岁）

3 月 15 日，带队（1959 年 12 月中旬，贝乌 5 队和 1262 钻井队合并，以贝乌 5 队为主体，井队编号为 1262）赴东北参加大庆石油会战。

3 月 25 日，到达萨尔图火车站，下车三问“钻机到了没有，井位在哪里，这里的钻井纪录是多少”，组织义务装卸。

3 月 30 日、31 日，在萨中指挥部召开的动员会上提出要和 1202 钻井队等标杆队展开竞赛的倡议，喊出“有也上，无也上”的口号。

4 月 2 日，钻机到达，组织全队用“人拉肩扛”的方法搬运和安装钻机。因三天三夜没离井场，房东赵大娘叫王进喜“铁人”。大庆石油会战党委决定，会战第一个标兵树王进喜，名号就叫“王铁人”。

4 月 9 日至 11 日，余秋里在第一次油田技术座谈会上号召全体职工都要向铁人王进喜学习，“学铁人，做铁人”活动在全油田展开。

4 月 14 日至 19 日，带队打下的第一口井——萨 55 井，从开钻到完钻仅用5天零4小时。

4月29日，在往第二口井搬家组织放井架子时，右腿被砸伤，坚持参加上午召开的万人誓师大会，喊出“宁肯少活二十年，拼命也要拿下大油田”的口号。

5月，带队在杨四屯打生产试验区的第一口井——2589井时发生了井喷，带伤跳进泥浆池，带头用身体搅拌泥浆，制服井喷。该井4天完钻，日进尺、月进尺均创最高纪录。

6月30日，被批准任命为钻井工程师。

7月，石油部机关党委作出《关于开展学习“王、马、段、薛、朱”运动的决定》，称赞他们是全战区的“五面红旗”，号召全体参战职工向他们学习。

10月，被任命为钻井指挥部装建大队大队长。此时1262钻井队已更换国产钻机，改称1205钻井队。

1961年（38岁）

2月，调往新组建的钻井指挥部生产二大队任大队长。

4月，“四·一九”质量大会以后，到1205钻井队、1281钻井队等先进队蹲点，开始试验“填满式钻具结构”，摸索打直井的经验。

5月，组建农副业队，在杨树林开荒，建设农副业基地。组建基建队，开始盖“干打垒”。

5月20日，到北戴河疗养。疗期3个月，只住一个多月就回到工作岗位。

秋，在解放村建起一所小学校。

1962年（39岁）

5月，按油田和钻井指挥部统一部署，总结1281钻井队的经验，建立钻井生产的各项岗位责任制。

夏，着手办粮店、商店、邮局，建卫生所、作坊等，自建土砖窑大量烧砖。

1963年（40岁）

春，建立“前线指挥所”开发北区，领导各钻井队加速打优质井。

12月底，钻井二大队和钻井一大队一起组队打第一口冰上实验井，吃住在井场，直到取得成功。

1964 年（41 岁）

4 月 20 日，《人民日报》发表题为《大庆精神 大庆人》的文章，一直处于保密中的大庆油田被公开宣传，铁人王进喜的名字传遍全国。

12 月，被选为全国人大代表，出席三届全国人大一次会议，并在会议上作了汇报发言。

12 月 26 日，毛主席邀请正在北京出席三届全国人大一次会议的王进喜、董加耕、邢燕子等 4 位劳动模范参加他的 71 岁生日宴会。

1965 年（42 岁）

6 月，被大庆会战工委任命为钻井党委常委、钻井指挥部副指挥。

7 月 24 日，在石油部政工会上作题为《为石油事业艰苦奋斗一辈子》的报告，首次提出"全国每人每年半吨油"的奋斗目标。

1966 年（43 岁）

2 月 16 日，应邀参加全国工业交通工作会议、全国工业交通政治工作会议，在会上作题为《读毛主席的书 听毛主席的话 为无产阶级革命事业奋斗一辈子》的报告。

2 月 24 日，中共中央批准王进喜任大庆石油会战指挥部副指挥。

4 月 6 日，被授予"石油工业部五好标兵"荣誉称号。

6 月 4 日至 7 月 25 日，作为中国石油代表团成员，访问阿尔巴尼亚。

9 月 3 日至 10 月 6 日，带领报捷团赴京，向党中央、国务院报捷。

10 月 1 日，作为工人阶级和大庆的代表在天安门城楼上参加国庆观礼。

1967 年（44 岁）

1 月 4 日，在北京受到周总理接见，汇报了"文化大革命"中大庆的形势。

1 月 8 日，参加周总理接见石油系统群众代表大会，听取周总理"一・八"讲话。

1 月 10 日，回大庆传达周总理讲话精神。

2 月 21 日，大庆军管会按周总理指示把王进喜带到北京。

3 月下旬，周总理接见王进喜及军管会和群众代表，当众宣布其在大庆石油会战中立了大功。

4 月，参加钻井指挥部“抓革命，促生产”一线班子。从此开始了艰难的工作。

1968 年（45 岁）

4 月 27 日，钻井革委会成立，被推选为副主任。

5 月 31 日，大庆革委会成立，被推选为副主任。

1969 年（46 岁）

2 月，大庆党的领导核心小组成立，担任副组长。

4 月，参加党的九大，被推选为主席团成员，并被选为中央委员。

7 月，建议并组建了大庆钻井废旧物资回收队。

1970 年（47 岁）

1 月，参加石油部在北京召开的“抓革命，促生产”工作会议，汇报大庆油田地下形势恶化等问题，引起党中央、国务院的高度重视。

2 月，带队到江汉油田慰问。

3 月，在参加石油部召开的支援江汉会战会议期间，向周总理汇报了大庆情况和油田生产存在的问题。

3 月 18 日，周总理接见王进喜，并在石油部军管会根据王进喜汇报内容整理的一份报告上批示大庆要“恢复‘两论’起家的基本功”。

4 月，到玉门参加石油部召开的全国石油工作会议并发言，提出一系列新的奋斗目标。

4 月 19 日，经 301 医院专家会诊，确诊为胃癌。

10 月 1 日，参加中华人民共和国成立 21 周年国庆观礼，以中央委员的身份站在天安门城楼上参加检阅。

11 月 15 日，在北京逝世，享年 47 岁。

11 月 18 日，在北京八宝山革命公墓举行向王进喜同志遗体告别仪式，骨灰当时安放在公墓正堂一室（因改扩建现安放在西 024 号）。

高扬的旗帜　永远的铁人

2023 年 10 月 8 日，是铁人王进喜诞辰 100 周年，铁人王进喜纪念馆编创了《铁人王进喜画传》，怀念他，纪念他。铁人精神是中华民族伟大精神的重要组成部分，是第一批中国共产党人伟大精神谱系的重要内容，大力弘扬铁人精神是我们的神圣职责。我们要高扬铁人旗帜，传承铁人精神。我们是铁人精神的宣传者，是铁人精神的捍卫者，是铁人精神的实践者，用铁人精神宣传铁人，用铁人精神雕塑自己，这是我们的宗旨。

我们每天都在感动着，因为千千万万的参观者都被铁人精神、铁人事迹感动着。国家领导人称赞他身上有一股劲——中国力量；外国人、港澳同胞感叹他，有了铁人才有了新中国；老会战回忆他，铁人是英雄和旗帜；青年人传承他，学习铁人，建设百年油田，踏着铁人脚步走！铁人王进喜是伟大的民族英雄，石油人心中永远的丰碑。

我们每天都在宣讲铁人精神、铁人事迹，他的精神引领时代，穿越时代；他的事迹实实在在，心系石油，顶天立地。“有条件要上，没有条件创造条件也要上”“宁肯少活 20 年，拼命也要拿下大油田”“干，才是马列主义；不干，半点马列主义也没有”等，是大会战的誓言，更是新时代的呼唤。宣讲是学习，滋养我们的心灵，宣讲是铸魂，在我们身上流淌。在精神殿堂里一次次的洗礼；思想精神上不断在升华，我们心中装着铁人。

在铁人王进喜诞辰 100 周年的时候，我们学习铁人，更要体现时代价值。就是像铁人那样，坚定信仰和追求，“讲进步不要忘了党”，牢记听党的话、跟党走，对党绝对忠诚；就是像铁人那样，为国分忧，为民争气，把能源的饭碗牢牢地端在自己的手里；就是像铁人那样，“一辈子干好一件事，快快发展祖国的石油工业”；就是像铁人那样，“小本本上只能记差距”，谦虚谨慎，不骄不躁。做新时代的铁人，要在岗位上传承铁人精神。

建设世界一流现代化百年油田是奋进新征程的宏伟蓝图，打造中国特色一流纪念馆是新时代的工作目标。铁人王进喜纪念馆是我们的精神阵地，在这个阵地上，我们是先锋战士，高扬铁人的旗帜，吹起时代冲锋号，像铁人说的那样，“手扶刹把像刺刀，钻杆就像机枪和大炮”，为了伟大的蓝图和目标助力加油，奋进新征程建功新时代！

时代的铁人，

民族的铁人，

永远的铁人，

铁人王进喜永垂不朽！

铁人王进喜纪念馆

2023 年 8 月

图书在版编目（CIP）数据

铁人王进喜画传 / 尤靖波，苏爱华主编. —北京：中国工人出版社，2023.8
ISBN 978-7-5008-8248-0

Ⅰ.①铁… Ⅱ.①尤… ②苏… Ⅲ.①王进喜（1923–1970）—传记—画册
Ⅳ.①K828.1-64

中国国家版本馆CIP数据核字（2023）第153641号

铁人王进喜画传

出 版 人 董　宽
责任编辑 王晨轩　罗荣波
责任校对 张　彦
责任印制 栾征宇
出版发行 中国工人出版社
地　　址 北京市东城区鼓楼外大街45号　邮编：100120
网　　址 http://www.wp-china.com
电　　话 （010）62005043（总编室）　（010）62005039（印制管理中心）
（010）62382916（工会与劳动关系分社）
发行热线 （010）82029051　62383056
经　　销 各地书店
印　　刷 北京美图印务有限公司
开　　本 700毫米×1000毫米　1/16
印　　张 19
字　　数 150千字
版　　次 2023年9月第1版　2023年11月第5次印刷
定　　价 128.00元